Shakyamuni Buddha

Buddhas höchste Lehre
Das Surangama Sutra II

Warnung an Praktizierende

TONSTROM
VERLAG

ISBN-3-932209-12-5
ISBN-978-3-932209-12-3

BUDDHAS HÖCHSTE LEHRE
Das Surangama Sutra II

Warnung an Praktizierende

Erste deutsche Übersetzung
und Ausgabe von
W O L F S C H O R A T
mit persönlichen Anmerkungen

TONSTROM
VERLAG

Erste deutsche Übersetzung
aus einer Zusammenstellung von Texten aus
den Surangama-Texten
von
Leng Yen Ching
im Chih-Chih-Kloster
A. D. 705

Inhalt

ERLÄUTERUNGEN

Sämtlicher Text in (Klammern) und kursiver Schrift sind
Anmerkungen des Autors. Der Autor freut sich über
Reaktionen, Fragen und Anregungen der Leser.
Schreiben Sie an den TonStrom-Verlag.

VORWORT
Wenn deine Einsicht
meiner Lehre widerspricht
so solltest du deiner Einsicht folgen .

Buddha

Jahre sind vergangen seit ich das Surangama Sutra, Buddhas höchste Lehre übersetzt habe und Herr Jandrei den Text als Diplom Designer buchmäßig und druckreif gestaltet hatte. Aber bis heute es noch nicht in Buchform erschienen ist. Ich konnte aber eine Fotokopie des Textes in Ringheftung anbieten, was auch angenommen wurde. Doch in diesem Jahr wird das Surangama Sutra Buddhas höchste Lehre wohl endlich als Buch erscheinen können dank der finanziellen Hilfe von Andrea. Herr Jandrei ist inzwischen verstorben obwohl er noch jung war keine 50. Ich bin seit einigen Tagen mit einem Infekt im Hals beladen und mein Körper muß damit arbeiten. Durch die Schwächung des Physischen Organismus und der damit erschienenen Mentalen Abläufe, insbesondere negativer Art, die auf mich einstürmten seit einigen Tagen, nahm ich heute Intuitiv das noch nicht übersetzte Surangama Sutra mit der Warnung an die Praktizierenden in die Hand und las einige Seiten, und sah, das da starke Übereinstimmungen zu meinem Mentalen Seinszustand waren. Da wurde mir klar das es an der Zeit ist nun auch den Rest ins deutsche zu übersetzen. Ich hoffe das einige den Text als hilfreich erkennen können und dadurch eine Milderung und Einsicht erleben können und alles andere was damit zusammenhängt sich davon zu befreien, auf milde Art und Weise.

Herzlichst....
Wolfgang Schorat

Buddhas höchste Lehre

Wenn deine Einsicht
meiner Lehre widerspricht
so sollst du deiner Einsicht folgen

Shakyamuni Buddha
vor ca. 2555 Jahren

Von Bodhisattva Entwicklung zur Buddhaheit

Ananda stand von seinem Sitz auf, verbeugte sich mit seinem Kopf an den Füßen des Buddha und sagte: Wir sind Ignorant und suchen nur Wissen durch zuhören, deswegen schaffen wir es nicht die Weltliche Mentalität loszulassen. Nun, nachdem wir mit großem Vorteil dem Buddha seine Mitleidsvollen Instruktionen gehört haben über die richtige Praktizierung der Sublimierung, erfahren unser Körper und Mental großen Komfort. Weltgeschätzter gelobter Einer, in dieser Praktizierung des Buddha Samadhi, und bevor Erreichung des Nirwana, welches sind die progressiven Stufen von der Manifestation der trockenen unfruchtbaren Weisheit, durch die vierundvierzig Stadien von Bodhisattva Entwicklung, bis zur Realisation der Universellen Erleuchtung.

Nachdem er das gesagt hatte, verbeugte er sich nochmal, und zusammen mit der ganzen Versammlung schauten sie ehrfurchtsvoll zum Buddha und erwarteten seine Mitleidsvolle Stimme.

Der Buddha lobte Ananda und sagte: Exzellent, exzellent! Es ist gut das, zum Nutzen dieser Versammlung und für alle lebenden Wesen in dem dharmaendenden Zeitalter für diejenigen die Samadhi praktizieren in ihrer Suchen den Mahayana zu finden, das du mich fragen kannst Instruktionen für den unübertroffenen Pfad von den weltlichen Konditionen zum transzendentalen Parinirvana.

Vollständiges Erlöschen, Synonym für Nirwana. Parinirvana wird vielfach gleichgesetzt mit dem nachtodlichen Nirwana *(Nirupadh-ishesha-Nirwana)* ,kann aber auch das vortodliche Nirwana *(Sopadhishesha-Nirwana)* bezeichnen. Manchmal ist mit Parinirvana auch nur der Tod eines Mönches oder einer Nonne gemeint.) Höre nun gut zu was ich dir nun erzählen werde. Ananda und die Versammlung legten ihre Handflächen zusammen und konzentrierten ihren Geist-Mental um die Lehre zu empfangen.

Die Tathagata Schatzkammer aus welcher beides entstehen Samsara und Nirwana

Der Buddha sagte: Ananda, du solltest wissen das die absolute Natur komplett erleuchtet ist. Sie ist ohne Namen und Form und ist fundamental frei von beidem, der Welt, und der lebenden Wesen. Wegen der Ignoranz, entsteht Geburt welches vom Tod gefolgt wird. So Geburt und Tod sind Unreal und das wegwischen des Unrealen bringt das Reale zum Vorschein, welches Höchster Bodhi und Parinirwana genannt wird. Deswegen bezeichnen diese Begriffe die zweifache Transmutation von Leidenschaft und der Kreislauf der Existenz zu Bodhi und Nirwana. Ananda, wenn du nun wünscht das Stadium des Samadhi zu erreichen, in vollkommener Ordnung um dann zum Tathagata Parinirwana zu gelangen, solltest du zuvor die zwei inneren Gründe welche zur Existenz von lebenden Wesen und zur Welt führt, wissen. Das nicht entstehen von diesen Inversionen, Umkehrungen, ist der wahre Zustand des Tathagatas Samadhi.

Der Anfang von lebenden Wesen und der Welt

Ananda, was sind nun diese Inversionen oder Umkehrungen? Wegen der willkürlichen Erkenntnis des Mentals von der darunterliegenden leuchtenden Natur, welche fundamental Erleuchtet ist, und die zu einer objektiven Form gemacht anstatt zu einer falschen Wahrnehmung. Und so, von einer fundamentalen Nicht- Dingheit, entstehen tatsächliche Phänomene. Deswegen, die Existenz von Ignoranz und seine Kreation der Welt und lebenden Wesen, die ursachenlose Ursache von subjektiver Ignoranz und seiner Objektiven Kreation, und subjektiven lebenden Wesen die in ihrer Objektiven Erschaffung der Welt leben, haben keine reale Basis. Von der Realität welche nirgendwo fortdauert entspringt die Welt und lebende Wesen.

Die invertierte Ursache
der Existenz von lebenden Wesen

Was ist die Invertierte Ursache von der anscheinenden Existenz von lebenden Wesen? Die falsche Beobachtung der komplett erleuchteten Natur erschafft eine Falschheit welches weder Natur hat noch Basis. Wenn du wünscht das Reale wieder zu erreichen, dieser Wunsch alleine, gehört zu der Welt der Veränderung und der Mentalen Bereiche und ist nicht verwandt mit der absoluten Natur. Wenn dieser unreale Geist oder Mental dafür benutzt werden um die reale Natur wieder zu erlangen, so wird die reale Natur wieder Unreal und aus der Notwendigkeit folgt dann wieder illusorische Geburt und Existenz, und auch das Unreale Mental und Dharma oder Gesetze welche sich dann endlos wieder öffnen werden und dadurch eine Intensität erreichen werden die wiederum mehr neues Karma oder Wirkungen erzeugt für all diejenigen die das gleiche Karma teilen. Diese Karmischen Aktionen führen zu weiteren Verwandtschaften in Geburt und Tod. Deswegen die invertierte Ursache von der anscheinenden Existenz von lebenden Wesen. *(OK, hier werde ich gleich meinen schmackhaften Senf zugeben. Folgendes: Die Logische Konsequenz daraus ist ja das dann ja sowieso bloß eines zählen würde, nämlich die Ursachenlose Ursache. Oder das Göttliche oder Allah, oder die höchste Gottheit. Aber da es keine Nichtverbindung zu dieser höchsten Gottheit oder dem Tathagata geben kann, oder Allah, ist das alles eine völlig perfekte Folge des Lebens; denn aus dem Total erleuchteten kann es niemals etwas minderwertiges geben niemals etwas Unreales oder sogar nichtexistentes. Außer dem Spiel der Möglichkeiten sich zu Mani oder Moneyfestieren. Denn Buddhas Blick ist ja der Blick der Buddhas, der zu seiner Quelle mit der er ja wie alle anderen Wesen immer verbunden war, sonst hätte er nie dahinkommen können, der nun auf die sogenannten Einzelteile blickt und ihre Bewegungen registriert aus seiner Unbewegtheit. Und Und und.)*

Die invertierte Ursache
von der Existenz der Welt

Ananda, was ist die invertierte Ursache von der Welt, dem Bereich von Raum und Zeit. Wegen der illusorischen Existenz der Ignoranz und seiner Kreationen der Welt und lebenden Wesen, und da entsteht dann die sterbliche Menge die sich am Raum festhält. *(OK, wenn ich das also hier lese, dann bekomme ich den Eindruck, das die gesamte Schöpfung, Kreation, Ignorant ist, und seine Geschöpfe dann auch. Aber das macht für mich keinen Sinn, denn aus dem wie Buddha angeblich sagte total Erleuchteten Urgrund der Natur, kann dann doch keine Ignoranz entstehen, das wäre ja so als ob aus der Erleuchtungsquelle dann die Verblödungsquelle entstehen würde. Und wenn das so wäre, dann wäre das doch keine Ignoranz sondern die Geschöpfe in Raum und Zeit. Seine eigenen Werke. Also richtig überzeugend ist das nicht was ich hier lese. Aber das war ja auch vor fast 2600 Jahren und damals mußte er ja auch eine andere Art von Mensch ansprechen. Heute müßte er schon mehr Klartext reden)*

Wegen der ursachenlosen Ursache der subjektiven Ignoranz und seiner objektiven Kreationen und wegen subjektiv lebenden Wesen die in ihrer Objektiven Zuflucht leben, und alles entfaltet sich kontinuierlich und durchgehend, entsteht die Zeit. Und so, die drei Aspekte der Zeit und die vier hauptsächlichen Punkte des Raumes vermischen sich und zusammen produzieren sie die zwölf Kategorien von Wesen.

Die zwölf Typen der Transformation

Deswegen, in der Welt, Bewegung führt zum Ton, Ton zur Form, Form zum Geruch, Geruch zur Berührung, Berührung zum Geschmack, und Geschmack zu Gedanken. Diese sechs Illusionen wirken mit an der Formation von Karma, welches dann die Ursache für weitere zwölf unterschiedliche Arten von Veränderung sind. Deswegen dreht sich das Rad des Lebens, wobei diese illusorischen Sinnes Daten in zwölf unterschiedlichen Transformationen enden, bei jeder Umdrehung.

Oder jeder falsche Gedanke dreht das Rad des Lebens und fügt etwas hinzu zu den zwölf Arten der Geburt.

Die zwölf Gruppen von lebenden Wesen

Solche Inversionen die das Rad des Lebens, Samsara, drehen, erschaffen zwölf Gruppen von Spezies, jene die aus Eiern geboren werden, Bäuchen, Feuchtigkeit, und durch Transformation, Form habend, oder außerhalb der Form, bedacht oder unbedacht, oder weder Form noch Nichtform und weder Bedacht oder Unbedacht. Ananda, wegen des drehenden Rads des Lebens der Illusionen in Objektivem Samsara, oder Leben, als das Resultat von Inversion, entstanden durch die subjektive bewegliche Mentalität, beides, Subjekt und Objekt sind in Harmonie und zusammen produzieren sie günstige Konditionen für 84 000 entstehende und vergehende konfuse Gedanken welche das Embryo im Ei formen für Inkarnationen als Fisch, Vogel, Schildkröte, Schlange et cetera. Sie werden überall in der Welt gefunden in großen Mengen. Das ist die Geburt aus Eiern. Wegen des drehenden Rades der Moralischen Infektion in Objektivem Samsara oder Leben, als ein Resultat der Inversion, entstanden durch das subjektive sinnliche Mental oder Geist, beides, Subjekt und Objekt, unterstützen sich gegenseitig und zusammen produzieren sie günstige Konditionen für 84 000 konfuse abweichende Gedanken, welche dann Fötusse im Bauch der Inkarnation, als Mensch, Tier, Drachen, unsterbliche Wesen, et cetera werden, auch sie werden in großen Mengen überall in der Welt gefunden. Das ist die Geburt im Bauch. Wegen des drehenden Rades der Bindungen im objektiven Leben, Samsara, als ein Resultat der Inversion, entstanden durch das Verlangen des subjektiven Geistes oder Mind oder Mental, beides Subjekt und Objekt, entflammen sich gegenseitig und zusammen produzieren sie günstige Konditionen für 84 000 unentschlossenen konfusen Gedanken, welches feuchte Embryos werden in Feuchtigkeit für

Inkarnation als krabbelnde Insekten und Würmer, sie werden überall in der Welt in Massen gefunden. Das ist die Geburt in Feuchtigkeit. Wegen des sich drehenden Rades der Veränderungen im objektiven Leben, Samsara, als ein Resultat von Inversion, entstanden durch das subjektives trügerisches Mental, Geist, beides, Subjekt und Objekt, stimulieren sich gegenseitig und kombinieren so günstige Konditionen für 84 000 verändernde konfuse Gedanken, welche die Form von soliden Klumpen für Inkarnation als Wesen bekommen, welche ihre Haut ablegen und ihre Form verändern und Fliegen können.Sie werden überall in der Welt in Massen gefunden. Diese ist die Geburt durch Transformation.Wegen des sich drehenden Rades der inflexiblen Dispositionen im objektiven Leben, Samsara, als das Resultat von Inversion, entstanden durch subjektive hindernde Mentale, Minds, Geist, beides, Subjekt und Objekt haften und kombinieren zusammen und produzieren so günstige Konditionen für 84 000 mystische, halbdurchlässiege und konfuse Gedanken, welche eine solide Form annehmen zur Inkarnation als Menschen, deren luminose Qualität beides beinhaltet Gut und Böse. Sie werden überall in der Welt gefunden. (Das sind die Häretiker und Mystiker die Formen haben)

(Diese letzte in Klammer gesetzte Hinzufügung ist von Zen-Meister Han Shan 1546-1623)

Wegen des sich drehenden Rades der ausschweifenden Dispositionen im objektiven Leben, Samsara, als das Resultat von Inversion entstanden durch subjektive betrügerische Mentale, Minds, Geist, beide, Subjekt und Objekt vereinigen sich mit Dumpfheit und zusammen produzieren sie günstige Konditionen für 84 000 konfuse, mysteriöse Gedanken, für formlose Wiedergeburt, als Wesen deren Körper und Mental, aufgelöst sind in der großen Leere. Sie werden in Massen überall in der Welt gefunden. (Das sind die Formlosen Wesen)

Wegen des sich drehenden Rades der schwärmerischen Dispositionen im Objektiven Leben, Samsara, als ein Resultat von Inversion, entstanden durch subjektive Imaginierende Mentale, Minds, Geist, beides,

Subjekt und Objekt vereinigen mit Gedächtnis, und zusammen produzieren sie günstige Konditionen für 84 000 verborgene und feste Konfuse Gedanken um wiedergeboren zu werden als Geister oder Spirits von bedachten Wesen. Sie werden überall in der Welt gefunden. (Das sind die gedankenreichen Wesen)Wegen des sich drehenden Rades von dumpfen Dispositionen im Objektiven Leben, Samsara, als ein Resultat von Inversion entstanden durch subjektive dumme Mentale, Minds, Geist, beides, Subjekt und Objekt haften an Starrsinnigkeit und zusammen produzieren sie günstige Konditionen für 84 000 konfuse leblose Gedanken für die Wiedergeburt als Geister die in der Erde leben, in Bäumen, Metallen und Steinen. Sie sind Gedankenlose Wesen die überall in Fülle in der Welt gefunden werden. (Das sind die gedankenlosen Wesen) Wegen des sich drehenden Rades von parasitischen Dispositionen im objektiven leben, Samsara, als ein Resultat von Inversion entstanden durch subjektive betrügerische Mentale, Minds, Geist, Subjekt und Objekt infizieren sich gegenseitig und zusammen produzieren sie günstige Konditionen für 84 000 konfuse schmarotzende Gedanken für die Wiedergeburt als Wesen die Formlos sind, aber trotzdem Form haben, so wie Quallen, die Krabben als ihre Augen benutzen. Sie werden überall auf der Welt in Massen gefunden. (Dies sind Wesen welche Formlos sind aber trotzdem Form haben .) (*Mein Gott ist das ein Schwachsinn*)
Wegen des sich drehenden Rades von verführerischen Dispositionen im objektiven Leben, Samsara, als ein Resultat von Inversion entstanden durch subjektive künstlerische Mentalitäten, Minds, Geist, beides Subjekt und Objekt vertrauen aufs Magische und Zauberformeln und zusammen produzieren sie günstige Konditionen für 84000 flehentlichen, bittenden konfusen Gedanken für Wiedergeburt als Wesen mit einer Form, aber Formlos, die aber müde werden von der Zauberkraft. Sie werden überall in der Welt in Massen gefunden.
(Diese Wesen haben Form , sind aber über die Form hinaus)
Wegen des sich drehenden Rades von trügerischen Dispositionen im objektiven Leben, Samsara, als ein Resultat von Inversion entstanden

durch subjektive täuschende Mentalitäten, Minds, Geist, beide, Subjekt und Objekt, zusammen produzieren günstige Konditionen für 84 000 zusammenwirkenden konfusen Gedanken um Wiedergeboren zu werden, als Gedankenvoll aber gedankenlose Wesen, so wie Wespen welche Larven von anderen Insekten als ihre eigenen verwechseln. Sie werden überall in Massen in der Welt gefunden. (Diese sind gedankenreiche jedoch gedankelose Wesen) Wegen des sich drehenden Rades von Revanche Dispositionen im objektiven Leben, Samsara, als ein Resultat von Inversion, entstanden durch subjektive mordende Mentalitäten, Mind, Geist, beides, Subjekt und Objekt vereinigen sich in Launen und zusammen produzieren sie günstige Konditionen für 84 000 fantastische Gedanken von Elternmord um Wiedergeboren zu werden als Wesen die gedankenlos sind, aber bedacht, so wie einige Eulen, und Tiger welche ihre Eltern auffressen. Sie werden überall in der Welt in Massen gefunden.
(Das sind Wesen die Gedankenlos sind aber gedankenreich)
(Mein Gott ist das ein Schwachsinn)

Transmutation
von Samsara zu Nirwana

Deswegen, Ananda, jede von diesen Spezies hat zwölf Arten von Inversionen welche, wie tanzende Blumen die man sieht wenn man seine Augen reibt, den perfekten und erleuchteten Geist überlappen, und der Grund für falsches Denken sind.
Da du nun den Buddha Samadhi praktizierst, solltest du drei graduelle Stufen nehmen um mit den grundsätzlichen Ursachen von entstehenden Gedanken umgehen zu können, damit du sie beseitigen kannst. Das ist wie vergifteten Honig von einem Topf zu entfernen durch Benutzung von heißem Wasser vermischt mit Asche um den Behälter zu reinigen. Nur wenn der Topf total sauber ist kann er wieder benutzt werden.

Drei graduelle Schritte
um Samsara zu beseitigen

Was sind diese drei graduellen Schritte? Sie sind: Die förderlichen
Praktizierungen um alle hinzukommenden Ursachen zu entfernen,
die wichtigste Praktizierung um die ursachlichen Ursachen zu beseitigen
und die Progressive Praktizierung um das wachsen von Karma zu
beenden. Was sind die hinzukommenden Ursachen? Ananda,
diese zwölf Spezies in der Welt haben ihre Existenz wegen vier
Wegen der Nahrungsaufnahme: Durch Essen, in der Welt der
Wünsche wo der Mensch Nahrung zu sich nimmt, durch Berührung in der Welt der Geister die nur die Nahrung durch Gerüche zu sich nehmen um ihren Hunger zu stillen, durch darüber
Denken, in den meditativen Himmel, wo der bloße Gedanke von
Nahrung den Hunger befriedigt, und sich bewußt sein in Bezug
zu Nahrung, in den formlosen Daseinsbereichen, wo die bloße
Bewußtheit von Essen den Hunger befriedigt. Deswegen,
sagen die Buddhas, alle lebenden Wesen sind abhängig von
Nahrung um im Samsara zu bleiben. Ananda, alle Wesen leben,
wenn sie gesunde Nahrung essen, und sterben, wenn sie ver-
giftete Nahrung essen. In ihrem Suchen nach Samadhi, sollten
sie sich von fünf Arten von scharfen Wurzeln fernhalten. Knoblauch, drei Arten von Zwiebeln und Lauch. Wenn sie gekocht
gegessen werden, sind sie Aphrodisiaks und in roh der Grund
für Irritationen. Obwohl jene die sie essen die zwölf Teile des Mahayana
lesen können, treiben sie die Seher, Rhisis, in alle Direktionen
die den schlechten Geruch nicht mögen, dafür aber ziehen sie die
hungrigen Geister an, die ihre Lippen lecken. Sie sind dann andauernd
umgeben von Geistern, und ihr Glück wird von Tag zu Tag
schwächer bis zum eigenen Schaden. Wenn diese Esser von scharfen
Wurzeln Samadhi praktizieren, keiner der Bodhisattvas, Seher und
guten Geister kommt um sie zu schützen, während der mächtige König
der Dämonen die Situation ausnutzt um als Buddha zu erscheinen
und ihnen den Dharma (das Gesetzt) zu lehren. Er
wird die Regeln defamieren und brechen, und Fleisch-

lichkeit loben, Wut und Stupidität,und bei ihrem Tode werden sie in sein Gefolge eingehen und beim Ende der
Zeit in seinen Bereich, in die ununterbrochene Hölle.
*(Naja, hier geht das wieder los, damals konnte man noch mit solchen beklopp-
ten Aussagen Menschen beeinflussen , weil sie nicht genügend selbstständig
Denken konnten und von ihren unbewußten Gefühlen geleitet wurden. Aber
wenn Knoblauch einen Seher abhält und einen Bodhisattva Zwiebeln, dann
müssen die Zwiebeln ja mehr Wert haben als ein Bodhisattva , nein , mit
dem Schwachsinn kann man sogar Buddhisten nicht mehr verblöden, da
ist mir Jesus angenehmer)* Ananda, praktizierende von Samadhi
sollten niemals diese fünf scharfen Wurzeln essen. Das ist die
erste Stufe der graduellen Praktizierung. Was sind die anfäng-
lichen Ursachen? Ananda, jene Praktizierende die wünschen
in das Stadium des Samadhi zu kommen, sollten zuerst eine
strikte Einhaltung der Regeln des reinen Lebens beachten,
Lust von ihrem Mental, Geist, zu entfernen, durch das sich
abwenden von Fleisch und Wein und durch das Essen von
gekochter Nahrung anstatt roher Nahrung. Ananda, wenn sie
keinen Abstand nehmen von Fleischlichem und Töten , werden
sie nie Befreiung von den drei Welten der Existenz erreichen
*(OK, das macht Sinn, denn wer noch tötet um Fleisch zu fressen, der
ist noch Raubtier, und Raubtiere können sich noch nicht in höhere
Welten begeben, weil sie da ja auch noch Raubtiere währen. Das paßt
nicht Da fällt mir ein, ich hatte einmal einen Bericht in der Zeitschrift
Buddhismus,aus Österreich, von einem Doktor herausgegeben, gelesen. Da
kam ein Zen-Meister aus Japan zu denen, der Autorität sein sollte,
und jemand hatte dazu einen Bericht geschrieben, wie er wußte das er
am Essen teilnehmen würde mit dem Zen- Meister aus Japan, und wie
er zu sich sagte er wird nicht den Fisch essen der dort für ihn Serviert
wird. Als es dann so weit war und er den japanischen Zen- Meister traf
und dann am Tisch saß und es zum Essen kam, sagte er : Er werde
keinen Fisch essen. Da sagte der Zen- Meister zu ihm.: Bist du denn
etwa etwas besseres als ich. Und leider ließ sich der in der Wahrheit liegen-
de junge Mann von diesem alten blöden Zen-Meister der für ihn eine
Autorität war in die Irre führen und folgte seiner dumpfen Logik*

und fraß dann auch Fisch . Er hätte sagen können, ja das bin ich,
oder einfach,ich Esse keine Tiere und töte auch keine dafür. Aber er
war in der Wahrheit wäre er nur dabei geblieben denn Autoritäten
sind Täuschungen sie vertreten nicht die Liebe sondern die Autorität.
Als ich den Bericht sah und in den folgenden Ausgaben keinen Kom-
mentar dazu, auch nicht vom Doktor dem Herausgeber, der wohl ge-
nauso blöde war wie der Zen- Meister, hörte ich auf in dem Blödheitsblatt zu
lesen und kaufte mir das nicht mehr.)

Sie sollten Lust als gefährlich betrachten so wie eine giftige
Schlange und einen tödlichen Feind. Sie sollten anfangen streng den
Hinayanas vier Verboten für Mönche und acht für Nonnen um den
Körper zu regulieren zu folgen, und dann den Bodhisattvas Disziplinen
folgen um sicher zu gehen dass das Mental, Mind, Geist und seine
Gedanken nicht in Bewegung geraten. Wenn sie diese Anordnungen
einhalten, werden sie für immer das Karma beseitigen das zu Geburt
und Töten führt. Wenn sie dazu noch aufhören zu Stehlen, werden
sie nichts anderen schuldig sein, und keine wiedergutmachen leisten
müssen. (*Die Hinayanas vier Verbote gegen Fleischlichkeit, Stehlen,*
Töten, und Lügen für Mönche, und seine acht Verbote für Nonnen mit
den vier eben erwähnten , plus Lustvoller Kontakt mit Männern, acht
Sorten unsittlichen Zusammentreffens die zu Fleischlichkeit führen , das
verheimlichen von Falschverhalten untereinander in der Gruppe, und unrich-
tiges Handeln mit ihm oder ihr.) Jene die solche Regeln vom
reinem Leben in ihrer Samadhi Praktizierung aufrechterhalten,
werden fähig sein mit ihren eigenen Augen zu sehen, ohne die
Hilfe von Devasicht, in allen Welten in den zehn Direktionen.
Sie werden den Buddha sehen der den Dharma lehrt, und sie
werden persönlich die Heilige Lehre von ihm erhalten, sie
werden die Transzendentalen Kräfte erhalten, welche ihnen die
Möglichkeit gibt frei in allen Welten und nach Wille das Buddha
- Wissen zu bekommen in allen Formen von ihren eigenen und
dem der anderen vorherigen Leben, und so werden sie immun
gegenüber allem Unglück. Das ist die zweite Stufe der
graduellen Praktizierung
Was passiert wenn Karma nicht länger wächst? Das Mental,

Mind, Geist, von den Praktizierenden die alle Verbote beachten, nun frei von sexuellen Verlangen, wird nicht herumwandern um Sexuelle Sinnliche Daten zu finden, sondern kehrt zurück zum inneren Mental, Mind, Geist. Wegen Mangel an Kausal Sinnesdaten, deren Organe, so nicht mehr verbunden mit dem äußerlichen, wenden sich nun zurück zum ungeteilten Einen, zu welchem, seit die sechs Funktionen aufgehört haben zu Diskriminieren, alle Länder als rein und sauber erscheinen. Das ist wie ein Kristallball mit einem hellen Mond innen. Der Kristallball steht für Weisheit welche alle Fehler beseitigt und der helle Mond für Erleuchtung. Deren Körper und Mentale,. Minds, erfahren nun Freude und großen Komfort in dem Stadium von Absolutem und perfekter Gleichgültigkeit in welcher die Esoterische Perfektion und reine Absolutheit von allen Tathagatas erscheint. Sie werden dann die große Geduld des Unerschaffenen erreichen und werden ihren Fortschritt erweitern bis zur Heiligkeit. Das ist die dritte Stufe des graduellen Praktizierens.

Progressive Erweiterung
in Bodhisattva Entwicklung
Das Stadium von trockener Weisheit

Ananda, diese tugendhaften Menschen werden ihre Sexuellen Wünsche abtrocknen und die Verbindung ihrer Organe zu sinnlichen Daten. Diese Verkümmerung von Ursache stoppt das Wachstum von Karma. Das sich klammernde Mental, Mind, ist nun Leer und klar, was unvermischte Weisheit ist, welche perfekt und hell in ihrer Natur ist, alle Welten in den zehn Direktionen Erleuchtend. Diese Realisierung von Weisheit wird das Stadium der trockenen Weisheit genannt, weil sie nämlich ihre Sexuellen Gewohnheiten abgeschnitten haben, aber noch nicht in den Tathagatas Dharma Fluß eingetreten sind.

Die zehn Stadien
des Bodhisattva Vertrauens

1. Nach der Realisation der trockenen Weisheit, benutzen sie ihr

progressives Mental, Mind, um in die innerste Tiefe zu schauen, und dort wird ihre perfekte und profunde Essenz des Mentals, Mind, sich manifestieren. Dieses Stadium von absoluter Perfektion führt zur wahren Absolutheit, resultierend in der Permanenz von absolutem Vertrauen und die totale Ausradierung von falschem Denken. Dies ist die Bedeutung in seiner wahren Reinheit und wird das Stadium von Bodhisattva Vertrauen genannt.

2. Deren Vertrauen, echt erarbeitet, sichert deren komplettes Verständnis welches nicht mehr durch die fünf Verbindungen, zwölf Eingänge, und achtzehn Felder von Sinnesdaten blockiert wird, und deswegen umarmen sie die Vergangenheit, Gegenwart und Zukunft. Und so werden dann die gefährlichen Gewohnheiten bloßgestellt welche zu den unzähligen Wiedergeburten geführt haben in der Vergangenheit, von welchem sie das kleinste Detail nun in die Erinnerung rufen können. Das wird das Stadium von Erinnerung oder Nichtvergeßlichkeit genannt.

3. Diese absolute Perfektion in seiner Reinheit, sorgt dafür das die ursprüngliche Weisheit alle üblen Gewohnheiten, angesammelt seit der anfangslosen Zeit, in eine helle Essenz geführt wird welche dann weiter fortschreitet zum realen und reinen. Das wird das Stadium der eifrigen Praktizierung genannt.

4. Die Essenz des Mentals, Mind, Geist, die sich nun manifestiert ist die Weisheit die Dunkelheit und Ignoranz zerstört. Das wird das Stadium der Weisheit genannt.

5. Die helle Weisheit leuchtet nun auf seine eigene Substanz in Stille und Tiefgründigkeit, und sichert so die permanente Vereinigung von Funktion und Substanz. Dies wird das Stadium des Dhyana genannt. *(Versenkung-Meditation)*

6. Das Licht von Dhyana wird heller, es ist nun mehr penetrierend und verhindert jeden Rückfall. Das wird das Stadium von Nicht-Rückfall genannt.

7. Das Mental, Mind, Geist, macht nun leicht Fortschritte und präserviert alles vorherige erreichte, und ist sich bewußt aller Tathagatas in den zehn Direktionen. Das wird das Stadium vom

schützen des Dharma genannt (*Gesetz*)

8. Die Helligkeit der Weisheit, so präserviert und stärkend, kann nun, durch die Art seiner Transzendentalen Kräfte, das Licht des Buddhas Mitgefühl reflektieren, und deswegen verweilt es innerhalb seines Körpers, wie zwei Spiegel die sich gegenüberstehen und ihre Endlosigkeit reflektieren. Das ist das Stadium von reflektierender Kraft.

9. Das Licht des Mentals, Mind, Geist, geht dann nach innen und vereint sich für immer mit der unübertroffenen absoluten Reinheit des inneren Buddha, und dabei bleibt es in dem nicht-regressiven Stadium von Transzendental- Nichtaktivität. (*Wu Wei*) Das ist das Stadium von unerschütterbarer Disziplin.

10. Ein großer Komfort entsteht durch das verweilen in dieser Disziplin, welches dem Mental, Mind, Geist ermöglicht überall durch Wille herumzureisen in den zehn Direktionen. Das wird das Stadium des hochaufgelösten Mentals, Mind, Geist, genannt. *(Das ist die perfekte Erreichung des Einen Geistes)*

Die zehn praktischen Stadien von Bodhisattva Weisheit

1. Ananda, nachdem diese zehn Stadien des Bodhisattva Vertrauens durch praktische Arbeit erreicht wurden, manifestiert sich die Essenz des Mentals, Mind, Geist, und leuchtet. Das zusammenwirken dieser zehn Funktionen des Mentals, Mind, Geist, perfektioniert den einen Geist, Mind, Mental. Das wird das zielstrebige Stadium genannt.

2. Das Innere Mental, Mind, Geist, strahlt nun wie brilliantes reines Gold in einem Globus aus reinem Kristall. Da nun die vorherige kontemplative Weisheit nun den Weisheitsgrund erreicht. Das wird das Stadium der Kontrolle des Geistesgrundes genannt.

3. Die Erkenntnis vom Geistgrund zeigt nun voll beides Weisheit und sein Objekt als eine Realität in den zehn Direktionen frei von allen Hinderungen. Das wird das Stadium der Bodhisattva Praktizierung genannt.

4. Dieses Bodhisattva Verhalten ist nun ähnlich dem des Buddhas der ihn beeinflußt. Wie ein toter Mann in dem Zwischenstadium der seine Eltern sucht als Kanal für seine Wiedergeburt in der Welt, die fortschrittliche Mentalität, Mind, Geist, geht in den Tathagata Samen ein. *(Der Tathagatasamen ist der ursprüngliche göttliche Funke oder die Seele in jedem)* Dies wird das Stadium der noblen Geburt genannt

5 Das Mental, Mind, Geist, schwanger im heiligen Leib erbt nun den ursprünglichen Geist, Mind, Mental, und der Fötus wird geformt mit all seinen charakteristischen Eigenschaften. Das wird das Stadium der vollen Erwartung für Erleuchtung genannt. *(Das ist das kontemplative Mental ohne dem der ursprüngliche Bodhi sich nicht manifestieren kann)*

6. Beides, Form und Mental, Mind, Geist, sind Identisch mit der des Buddha. Das ist das Stadium des wahren Mentals, Mind, Geist genannt. *(Das wahre Mental, Mind , ist frei von der Dualität von Subjekt und Objekt)*

7. Die Integration von Körper und Geist, Mind, wird fester mit dem vergehen der Zeit. Das wird das Stadium von nicht- Rückwärts gehen genannt.

8. Der Fötus ist nun komplett mit den zehn Aspekten des Buddha Körpers. *(Die zehn Aspekte des Buddha Körpers sind : Bodhi- Körper, Gelöbnis-Körper, Nirmanakaya , Großer -Körper, Majestätischer- Körper, Ehrfurchtsvoller- Körper, Körper reproduziert durch Wille-Körper,Gesegneter-Körper,Dharmakaya und Weisheits- Körper)* Dies ist das Stadium von Bodhi in seiner kindlichen Unreife genannt.

9. Der Fötus ist nun komplett geformt, ist geboren und wird ein Sohn des Buddha. Das wird das Stadium des Anwärters zum König des Gesetzes genannt. *(Da die Meditation erfolgreich ist in der Realisation der Aufnahme des Buddha.Der ursprüngliche Buddha manifestiert sich so wie ein Baby das in der Welt geboren wird.)*

10. Die Feier seiner Erwachsenwerdung ist wie eine Zeremonie die gehalten wird wenn ein Prinz die Verantwortungen des Staates übernehmen soll.. Das wird das Stadium der Ausstattung genannt.

(Die Vereinigung des anfangenden Buddha mit dem Ursprünglichen Buddha kulminiert in dem höchsten Buddha als ein Resultat über die Meditative Studie des Menschen. Das ist die Realisation von dem immateriellen Tathagata Reichtum.)

Die zehn Linien
der Bodhisattva Tätigkeiten

1. Ananda, obwohl die tugendhaften Menschen, nachdem sie den Rang eines Sohns des Buddha erreicht haben, und die endlosen Verdienste des Tathagata, bleiben sie in Harmonie mit allen lebenden Wesen in den zehn Direktionen. Das wird freudiger Dienst genannt.
2. Sie sind fähig für das Wohl aller lebenden Wesen zu arbeiten. Das wird vorteilvolle Aktivität genannt.
3. Deren Selbsterleuchtung und die Erleuchtung von anderen sind frei von allen Wiedersprüchen. Diese Aktivität wird Nicht- Ärgerlich genannt.
4. Deren kontinuierliches erscheinen in unzähligen Formen in der nichtendenden Zukunft zum Wohlstand von anderen, frei von Konzepten wie Raum und Zeit, wird unzerstörbare Aktivität genannt.
5. Deren Predigen, frei von festhalten, ist konform zu den Lehren der Nicht- Dualität von allen Dharma Tätigkeiten und wird als die Aktivität die nie aus der Ordnung ist genannt.
6. Die Einheit zeigt eine große Variation von undifferenzierten Phänomenen. Das wird gekonnte Aktivität des Erscheinens durch den Willen genannt. *(Das ist die perfekte Vermischung von der bloßen Idee und den Phänomenen)*
7. In dieser Verfassung, alle Welten in den zehn Direktionen erscheinen in jedem Staubteilchen, wo weder Staub noch Welt sich gegenseitig behindern. Das wird als die Nicht- Festhaltende Aktivität bezeichnet.
8. Alle Manifestationen sind nur die höchste Perfektion die zum anderen Ufer des Bodhi führen. Das ist entzückende höchste Aktivität.

9. Diese perfekte Vermischung von Idee und Phänomene erreicht das Buddha Muster in den zehn Direktionen und wird fähige Vorstellung vom Gesetzt genannt.

10. Jede Art der Richtung ist nur reine und transzendentale Nicht-Aktivität *(Wu Wei)* entstanden aus der einen Realität der Istheit. Das wird Aktivität in Harmonie mit der Wahrheit genannt.

Die zehn Taten der Hingabe
(Parinamana)

1. Ananda, nachdem diese tugendhaften Menschen transzendentale Kräfte bekommen haben in ihrer Tätigkeit der Buddha Arbeit, erreichen sie das Stadium der reinen Realität welche von allen Behinderungen befreit. Sie sollten Lebende Wesen befreien ohne an den Gedanken zu hängen zu befreien, damit sie die Nicht-Aktivität *(Wu Wei)* Mind, Mental, Geist, in die Richtung zum Pfad des Nirwana bringen können.. Das ist Hingabe an die Befreiung von allen lebenden Wesen wobei sie das Konzept sie zu retten nicht haben.

2. Das beseitigen von all dem das zerstörerisch ist während die Idee das zu tuen nicht da ist, wird Hingabe an die Unzerstörbarkeit genannt.

3. Die Realisation das der ursprüngliche Buddha tiefgründig und gleichwertig zur Buddhas Erleuchtung ist, wird Hingabe zur Gleichheit mit allen Buddhas genannt.

4. Manifestation von reinem Geistgrund *(Mentalgrund- Mindgrund)* welche identisch zum Stadium des Buddhas ist, wird Hingabe zur Allgegenwart genannt.

5. Das freie vermischen vom Weltlichen und dem Absoluten Tathagata wird Hingabe an den unermeßlichen Reichtum der Verdienste genannt.

6. Das entstehen von nur reinen Ursachen vom gleichen Seinszustand der Buddhaheit in der Suche nach Nirwana wird Hingabe an die exzellenten Wurzeln der Unparteilichkeit genannt.

7. Die Realisation der Unparteilichkeit auf diesem Weg welches die Identität von allen lebenden Wesen in den zehn Direktionen

ist, mit der eigenen fundamentalen Natur, deren Perfektion nicht einen ausschließt, wird Hingabe an die Gleichheit aller Wesen genannt.

8. Die Realisation von der Identität von allen Phänomenen, frei von allen Differenzierungen ohne daran festzuhalten wie Gleichheit oder Unterschiedlichkeit, wird Hingabe an das Absolute genannt.

9. Das erreichen von diesem absoluten Zustand, frei von allen Behinderungen in den zehn Direktionen, wird Hingabe an die unbehinderte Befreiung genannt.

10. Perfekte Realisation der Selbstnatur welche alles über die Annahme über das Reich des Dharma beseitigt, wird Hingabe an den endlosen Dharma genannt.

Die vier weiteren Stadien (Prayoga)

Ananda, diese tugendhaften Menschen, nachdem sie diese 41 Stadien der Bodhisattva Entwicklung erreicht haben, sie sollten nun auf vier weitere Stadien trainieren.

1. Der Buddha Bodhi, verwendet als Selbst- Mind, (Selbst- Men tal) scheint sich nun zu manifestieren, aber eigentlich tut sie das jetzt noch nicht, das ist wie ein Feuer anfachen indem zwei Holzstücke aneinander gerieben werden damit eines anfängt zu brennen. Das wird das aufwärmende Stadium genannt.

2. Weiter, der Selbst-Mind der nun als Grund für Buddha Erleuchtung genutzt wird, scheint an Weisheit festzuhalten, aber in Wirklichkeit nicht, wie ein Bergsteiger der den Gipfel des Berges erreicht mit seinem Körper in der Luft, während seine Beine noch den Boden berühren. Das wird das Gipfelstadium genannt.

3. Die Realisation von der Gleichheit von Mind-Mental und Buddha die zur Perfektion des angestrebten führen, ist wie die Vorahnung von etwas was weder erhalten noch abgewendet werden kann. Das ist das Vorahnungsstadium.

4. Nun über alle Annahmen und Maße, das Angestrebte das zwischen

Delusion und Erleuchtung ist, ist weder das Eine oder das Andere. Das ist das höchste Stadium auf der Weltlichen Ebene.

Die zehn höchsten Stadien der Bodhisattvaheit

1. Ananda, nachdem diese tugendhaften Menschen ihr erkenntnisreiches Verstehen vom großen Bodhi erreicht haben, werden sie sich der Größe des Tathagatas voller Buddhaheit bewußt. Das wird das Stadium der Freude nach Verarbeitung aller Schwierigkeiten genannt, und so treten sie in den Pfad zur Buddhaheit.

2. Nun realisieren sie das alle unterschiede in eine einzige Einheit zusammenkommen die auch verschwindet. Das wird das Stadium der Freiheit von schlechtem genannt.

3. Totale Reinheit ist nun für weitere Erleuchtung da. Das wird das Stadium der Illumination genannt.

4. Perfektes Verstehen führt zu Bodhi in seiner Fülle. Das wird das Stadium der Meisterschaft der glühenden Weisheit genannt.

5. Realisierung der Kondition über die Einheit und Differenzierung hinaus wird das Stadium der Meisterschaft der höchsten Schwierigkeit genannt

6. Die Manifestation der Nicht- Aktivität wird das Stadium der Erscheinung des Absoluten genannt.

7. Durch und durch Penetration von der ganzen Region des Absoluten wird das Umarmende Stadium genannt.

8. Volle Manifestation vom absoluten Mind (*Geist*) wird das Stadium der Gelassenheit genannt.

9. Volle Manifestation von seinen absoluten Funktionen wird das Stadium der feinsten Weisheit genannt.

10. Nun realisieren sie das Stadium in welchem schützende Wolken des Mitgefühls den Ozean des Nirwana bedecken. Das wird das Stadium der Dharma - Wolke genannt. (*Gesetzes-Wolke)*

Die Universelle Erleuchtung

Während der Tathagata gegen die heilige Strömung geht um in der Welt zu erscheinen für seine Arbeit der Befreiung, folgen die Bodhisattvas dieser Strömung um ihr Ziel zu erreichen. Der Punkt wo der vorherige fruchtvolle Grund den späteren Ursachengrund trifft wird das Stadium der Universalen Erleuchtung genannt

Die Absolute Erleuchtung

Ananda, die trockene Weisheit in dem Diamantenen Mind (Geist) kann voll realisiert werden aber nur nachdem man durch den Prozeß der Bodhisattva Entwicklung gegangen ist. Das ist vom ersten Stadium der Trockenen Weisheit bis zur Universalen Erleuchtung. So, indem zwölf Stadien durchgangen werden, entweder alleine oder in Gruppen von zehn Stadien kann absolute Erleuchtung erreicht werden für das erreichen vom Höchsten Bodhi. Durch diese unterschiedlichen Stadien, erreicht durch die Art der Diamantenen Einsicht in die zehn Profunden Illusionen, des Tathagatas klare Wahrnehmung wird effektiv genutzt durch das beruhigen des Mentals mit gradueller Praktizierung und Training. So, Ananda, die drei graduellen Stufen um Samsara zu beseitigen, komplimentieren die fünfundfünfzig Stadien der Bodhisattva Entwicklung auf dem Bodhi Pfad. Solche Meditation ist richtig wogegen andere häretisch ist.

Die sechs Ebenen der Existenz
entstanden durch Unerleuchtung
Die sechs Stadien
der lebenden Wesen in der Welt

Nachdem sie den Diskurs des Buddha gehört hatten, erwachte Ananda und der Rest der Gruppe in das Stadium der Meditation, wodurch sie zum heiligen Stadium und der Erhöhung ihres Verstehens dieser profunden Doktrin gebracht würden, so das sie alle Wiederstände und Schwierigkeiten die entstehen durch die ersten sechs Klassen der Delusion und den drei Reichen der Existent überwinden können.

Ananda stand dann auf von seinem Sitz, verbeugte sich mit seinem Kopf vor den Füßen des Buddha, legte seine Handflächen zusammen und sagte: O Erhabener und Weltgelobter Einer, deine mitfühlende Stimme zeigte uns so fähig die feinsten Delusionen von allen Lebenden Wesen zu meinem großen Vorteil, und bringt deswegen großen Komfort für meinen Körper und Mental. Weltgelobter Einer, wenn dieses helle und reine Absolute Geistige nun essentiell perfekt ist, dann würden ja die große Erde, Pflanzen, und Bäume oder die Würmer und alle anderen Wesen fundamental die Soheit des Seienden sein, welches ja die Substanz des Tathagatas ist in dem Zustand der Buddhaheit. Wenn die Buddha - Substanz wahr ist und Real, wie können dann Welten der Hölle, hungrigen Geister, Tieren, Dämonen, Menschen und leuchtende Wesen sein ?

Weltgelobter Einer, sind diese Welten fundamental Selbstexistent oder entstehen sie aus lebenden Wesen und deren üblen Gewohnheiten des Lebens in Falschheit.?

Weltgelobter Einer, laß mich das Illustrieren was ich meine. Die Nonne „Duft des wertvollen Lotus" nachdem sie die Regeln der Bodhisattvadisziplin erhielt, hatte sexuellen Kontakt und gab vor das es weder Töten noch Stehlen war, und deswegen auch nicht unter das Karmische Vergeltungsgesetzt fiel. Als ein Resultat, ihre genitalen Organe wurden langsam verbrannt durch die flammen des Verlangens, und sie fiel in die endlose Hölle. König Crystal massakrierte Menschen des Gautamaclans, und der Mönch Sanakstra predigte die Aufhebung von allen Dingen, und wollte somit das Gesetz der Kausalität als ungültig darstellen. Beide als ein Resultat ihrer üblen Taten, fielen in die Avicihölle. Sind diese Höllen wirklich irgendwo oder sind sie selbstexistent für jeden Sünder um darin zu leiden ? Wirst du so Mitfühlend sein und erleuchte uns, jene die die Regeln einhalten, damit wir wissen sie nicht zu brechen ?

Der Buddha sagte: Es ist gut das du diese Fragen stellst für das wohl aller lebenden Wesen so das sie aufhören falsche Ansichten zu haben. Höre nun gut zu was ich dir zu erzählen habe.

Ananda, alle lebenden Wesen sind fundamental Rein aber wegen ihrer falschen Ansichten haben sie üble Gewohnheiten, und deswegen deren innere und äußere Bindungen.

Ananda, die innereren Bindungen haben mit ihren Innenleben zu tuen. Wegen der Färbung der Wünsche, die zur Entstehung von falschen Leidenschaften und Akkumulation von dem Wasser des Verlangens führen. Das ist weil der Gedanke von gutem Essen ihren Mund wässrig macht, der Gedanke an einen Vorgänger den man Haßte oder bemitleidete füllt einem die Augen mit Tränen, das Verlangen nach Reichtum bringt das Herz in Bewegung und den Speichel zum fließen und macht den Körper schlank. Wenn das Mental sexuellen wünschen nachgibt fließt die reproduzierende Flüssigkeit von den männlichen und weiblichen Organen. Ananda, obwohl diese Wünsche alle unterschiedlich sind, deren Manifestation sind alle charakterisiert durch die Ausscheidung von Wasser, welches natürlich nach unten fließt anstatt nach oben. Das ist innere Vorliebe.

Ananda, äußere Vorliebe hat was mit dem Leben der Wesen außen zu tuen. Ihre Wünsche produzieren Illusionäre Gedanken die durch andauernde Wiederholungen übergroß werden. So, das Mental, das sich strikt an die Regeln hält macht den Körper leicht, das Mental das sich an Beschwörungsformeln hält und mystischen Bewegungen zeigt sich als kräftig und resolut, das Mental das sich auf Wiedergeburt in den Himmel der Götter einstellt bringt Träume wo der Praktizierende anscheinend nach oben fliegt, das Mental das sich auf das Buddhaland einstellt macht das sich der heilige Bereich zeigt, und wirkliche Hingabe an einen religiösen Lehrer führt zu dem willigen Aufgaben sogar des eigenen Lebens. Ananda, obwohl alle diese Gedanken unterschiedlich sind, alle diese Manifestationen sind, wegen seiner Natur, charakterisiert durch Leichtheit des Körpers welcher nach oben geht anstatt nach unten sinkt, so das sie über ihr gegenwärtiges Stadium springen können. Das ist äußere Vorliebe. Ananda, in der Runde der Geburten und sterben im Leben, Geburt wir ermöglicht durch die Gewohnheit der Leidenschaften und Tod durch den Fluß der vergeltenden Transformation. Das ist weswegen in dem Moment des Todes und bevor die Wärme den Körper komplett verläßt, alle guten und üblen Taten eines Lebens aufeinmal erscheinen, zudem der Tod ist aber am Punkt der Wiedergeburt.

Das Reich der Lichtgestalten (Devas)

Wenn das Mental ganz bedacht ist, wird es in der Luft fliegen und er wird im Himmel wiedergeboren. Wenn in diesem Flug es mit Segen und Weisheit stark aufrechterhalten wurde durch seine reinen Gelöbnisse, wird es geöffnet um ihm das reine Land der Buddhas zu zeigen in den zehn Direktionen, und er wird wiedergeboren als ein Resultat dieser Gelöbnisse.

Das Reich der Seher und Seelen

Wenn sein Mental gedankenvoller anstatt Leidenschaftlicher ist, wird es nicht leicht genug sein für ihn um zu entfernten Plätzen zu fliegen, und so wird er als fliegender Seher oder kraftvoller König der Geister, fliegender Yaksa (Übernatürliches Wesen) , oder als erdgebundener Raksa (Böse Geister) , wiedergeboren. Er wird fähig sein frei in den Himmeln der vier Deva Könige zu wandern. Wenn er eine gute Natur hat und ein Gelöbnis gemacht hat mein Gesetz zu schützen und jene die meine Regeln einhalten, die Mantras wiederholen, Meditieren, und geduldige Ausharrung Realisieren, so wird er unter dem Thron des Tathagatas leben.

Das Reich des Menschen

Wenn seine Leidenschaften stärker sind als seine Gedanken wird er wiedergeboren im Reich der Tiere wo große Leidenschaft Biester mit Haar und Pelz erschafft und milde Leidenschaft produziert Flügel und Federnkreaturen.

Das Reich der hungrigen Geister

Wenn seine Leidenschaften und Gedanken in einer Proportion von sieben zu drei sind, wird er in das Rad des Wassers sinken in der Nähe zur Region des Feuers, er wird große Hitze aushalten müssen und wird als hungriger Geist wiedergeboren, dessen Körper andauernd mit Hitze verbrannt wird und Wasser versunken wird, so das er Hunger und Durst leiden wird für hunderte und tausende von Äonen.

Das Reich der Hölle

Wenn seine Leidenschaften und Gedanken in einer Proportion von neun zu eins sind, wird er in das Rad des Feuers sinken und wiedergeboren werden wo Wind und Feuer treffen. Er wird in der unendlichen Hölle leben wenn seine Leidenschaften groß sind und in der Avicihölle wenn er total dominiert wird durch extrem aggressive Leidenschaften.

Wenn er dann noch das Mahayana (*Die große Lehre*) , beschmutzt, dem Buddha seine Regeln verändert, das Dharmagesetz verbiegt durch Predigen um seine Beschützer zu täuschen wegen Ichsüchtiger Vorteile und Berühmtheit, und auch die fünf rebelliösen Taten macht und die zehn üblen Sünden, so wird er wiedergeboren in allen Avicihöllen. (*Die fünf rebelliösen Taten sind Vater und Muttermord , einen Heiligen töten , das Blut eins Buddha vergießen , und die Harmonie des Ordens stören) (Die zehn üblen Sünden sind Töten, Stehlen, Fleischlichkeit, Lügen, mit Alkohol handeln, über die Mängel eines Mönchs reden, Selbstlob um andere zu erniedrigen, Übelwollen, Wut wenn man getadelt wird und Verleumdung*

des Buddha,und des Gesetzes und des Ordens.) Obwohl diese genannten Taten selbstgemachte Taten sind die durch individu-
elle üble Taten entstehen,müssen alle Sünder die gleiche Art
von Leiden erleiden die von der gleichen zusammentreffenden
Ursache entstehen.

Die zehn Ursachen und
die sechs Effekte im Reich der Hölle

Die zehn karmischen Ursachen
für das Reich der Hölle

Ananda, diese Vergeltungen kommen von den karmischen Taten
der lebenden Wesen die zehn karmische Ursachen erschaffen
durch ihre üblen Gewohnheiten und sie leiden dann von sechs
Arten der Vergeltungen.

Die Gewohnheit des sexuellen Verlangens

Ananda, was sind diese zehn Ursachen? Lust wächst zu einer Gewohnheit wegen Sexueller Aktivitäten wo Menschen sich
Umarmen und Berühren und dadurch Wärme produzieren die
Verlangen stimuliert.Das ist wie die Wärme die produziert wird
wenn die Hände aneinander gerieben werden. Diese zwei Gewohnheiten von Karma und Lust stimulieren sich gegenseitig
und lassen Visionen von heißen eisernen Betten auf heißem
kupfernen Untergrund entstehen. Deswegen sagen alle Buddhas
sexuelle Vereinigung ist ein brennendes Feuer des Verlangens und
alle Bodhisattvas halten sich davon entfernt so als ob es ein
feuriges Loch wäre.

Die Gewohnheit der Sehnsucht

Sehnsucht wächst zu einer Gewohnheit wegen Festhaltens das eine

Art von Festsaugen ist, welches mit der Zeit die Illusion von Kalt, Frost, Zittern und Gänsehaut kreiert. Das ist wie das kalte Gefühl beim Atmen durch schmale Lippen. Die Kombination von Karma und Sehnsucht führt zur Vergeltung in der Form von Leiden dargestellt durch Weinen wegen beißender Kälte und zeigt sich indem die Haut blau wird, rot, oder weiß. Deswegen halten Buddhas alle Sehnsucht für das Wasser der Habgier und alle Bodhisattvas halten sich fern davon so als ob es eine See von stinkenden Gasen wäre.

Die Gewohnheit der Arroganz

Arroganz wächst zu einer Gewohnheit wegen Mißbrauch welcher sich manifestiert durch die Unterdrückung von anderen welches mit der Zeit die Illusion erschafft von einer rastlosen Welle die ein Volumen von Wasser aufgebaut hat. Das ist wie sich seinen Mund lecken damit er wäßrig wird. Diese beiden Gewohnheiten von Karma und Arroganz stimulieren sich gegenseitig und erschaffen die Vision von Flüssen voller Blut, Asche, brennendem Sand, vergifteten Seen und geschmolzenem Kupfer das auf die Zunge des Sünders gegossen wird. Und so alle Buddhas halten Selbstwichtigkeit als das Wasser der Dummheit und alle Bodhisattvas halten sich fern davon so als ob sie dort ertränken.

Die Gewohnheit des Zorns

Zorn wächst zur Gewohnheit wegen Irritationen die sich als Widerspenstigkeit manifestieren welche mit der Zeit das Herz entflammen dessen Hitze den vitalen Atem in Metall verwandeln. Deswegen die Illusion von Bergen von Messern, eisernen Stämmen, Bäume und Räder aus Schwerter, Äxte, Speere, und Sägen. Das ist wie ein Mann der von seiner Hartnäckigkeit getrieben wird das falsche zu rächen. Diese beiden Gewohnheiten von Karma und Zorn stimulieren sich gegenseitig und erschaffen die Vision von Kastration, Hacken, Enthaupten verwunden, zerstückeln, und schlagen. Das ist wie ein Mann der einen Wutanfall bekommt und dabei ist zu töten um das falsche anzuziehen. Deswegen alle Buddhas halten Haß für ein scharfes Schwert und alle Bodhisattvas fliehen davon als ob es ihre eigene Exekution wäre.

Die Gewohnheit der Hinterlist

Hinterlist wächst zur Gewohnheit wegen Verführung welches sich als List manifestiert die mit der Zeit eine Illusion von Seilen, Stöcken, Bänder erschafft die den Sünder festhalten. Das ist wie ein überflutetes Feld zum wachsen von Gras und Pflanzen. Die beiden Gewohnheiten von Karma und Hinterlist unterstützen sich gegenseitig und erschaffen mehr und mehr üble Taten die Bestrafung mit Schlössern, Peitschen, Fässern, Ruten, Knüppeln verdient. Und so alle Buddhas halten Hinterlist als schädlich so wie Verleumdung und alle Bodhisattvas halten sich fern davon so wie von einem Wolf.

Die Gewohnheit des Lügens

Lügen wächst zur Gewohnheit weil Betrug welcher als Schwindel sich manifestiert mit der Zeit in Verrat endet. Das erschafft Illusionen von Schmutz wie Staub, Kot und Urin. Das ist als ob Staub vom Wind geblasen alles verdeckt. Diese beiden Gewohnheiten von Karma und Lügen intensivieren sich gegenseitig und enden in Leiden von Ertrinken, Unruhe, Fliegen, fallenlassen, und versinken. Deswegen alle Buddhas halten Lügen für sehr schädlich so wie Plündern und Töten und alle Bodhisattvas halten sich fern davon so als ob sie auf eine giftige Schlange treten würden.

Die Gewohnheit der Verstimmung

Verstimmung wächst zur Gewohnheit wegen Abneigung die sich als Bosheit manifestiert. Das erschafft Illusionen von Steinigung, Katapulte, erschossen werden im Gefängnis, gefangen werden, eingesackt und geschlagen werden. Das ist wie einer der nur

schlechtes will der andauernd Übles plant. Diese beiden Gewohnheiten von Karma und Verstimmung vermischt, haben als
Resultat die Strafe durch herumgeschmissen werden, gefan-
gengenommen werden, Geschlagen werden und erschossen
werden. Und so alle Buddhas halten Verstimmung für einen
üblen Geist und alle Bodhisattvas halten sich fern davon als
ob sie vergifteten Wein bekommen würden.

Die Gewohnheit der falschen Ansichten

Falsche Ansichten wachsen zur Gewohnheit durch falsche Interpretation welches die Realität des Egos bedeckt und Objekte
bis hinzu rigorosem asketischen verboten. Das ist der Grund für
das Mißverständnis des karmischen Effekts wegen der Nichtak-
zeptanz des Realen und der Verbindung zum Unrealen. Deswegen die Illusion des Beurteilens mit Beweisen die nicht verneint
werden können, so wie zwei Menschen die aus entgegengesetzten
Richtungen kommen nicht umherkommen sich zu treffen auf der
gleichen Straße. Diese beiden Gewohnheiten von Karma und falschen Ansichten kombiniert sind Ursache für Befragungen und
Kreuzverhör, gerichtliche Investigation, Nachforschungen, Befragungen, und das Aufdecken von richtig und falsch im Gericht
währen die gegenseitigen Anwälte ihre Dokumente produzieren
und darüber argumentieren.

Deswegen alle Buddhas halten falsche Ansichten für einen
Abgrund der Perversion und alle Bodhisattvas halten sich fern davon so
wie von einer Schlucht voller Gift.

Die Gewohnheit der Unfairness

Unfairneß wächst zu einer Gewohnheit wegen falscher Be-
schuldigungen die sich als Verleumdung manifestieren. Das
erschafft Illusionen von Gebirgen und Felsen die von allen
Seiten auf einen eindrücken, Brechen, zermahlen, und den
Sünder bedrücken. Es ist wie das mißbrauchen der Unschul-

digen. Beide Gewohnheiten von Karma und Ungerechtigkeit vermischen und lassen die Illusion von Befürchtung, Druck, Schlagen, Unterdrückung, Zwang, und Beengung für den Sünder durch das Gesetz erscheinen. Deswegen alle Buddhas halten Verleumdung für schädlich wie ein Tiger und alle Bodhisattvas fliehen davor wie vor einem Schlag des Donners.

Die Gewohnheit des Disputieren - Wortstreits

Wortstreit wächst zu einer Gewohnheit wegen zu viel Reden was sich im verstecken der eigenen Unzulänglichkeiten manifestiert. Das erschafft die Illusion von Geheimnisse die entdeckt werden durch die Reflektion eines Spiegels oder durch eine Lampe die angezündet wird, wie Objekte die im hellen Tageslicht nicht versteckt werden können. Diese beiden Gewohnheiten von Karma und Disputation enden in der Erkenntnis der Sünden, denn der Spiegel und die Lampe zeigen zuvorige karmische Lasten zur Beurteilung. Deswegen alle Buddhas halten Geheimhaltung für einen geheimen Feind und alle Bodhisattvas halten das für gefährlich so als ob sie einen Berg auf ihrem Kopf tragen müßten oder in den Ozean gingen.

Die sechs vergeltenden Effekte
im Reich der Hölle

Was sind die sechs vergeltenden Effekte ? Ananda, alle lebenden Wesen deren sechs Bewußtseine sie dazu bringen karmische Taten zu tuen,Leiden wegen der üblen Effekte, mit ihren sechs Sinnesorganen. Vergeltende Effekte des falschen Sehens
Was sind die üblen Effekte des Leidens, durch die sechs Sinnesorgane?
Wenn Karma reif wird zur Zeit des Todes, die üblen Effekte des falschen Sehens, führen einen zum falschen Sehen von loderndem Feuer das alle zehn Direktionen ausfüllt. Sein Geist wird dem Rauch folgen,und in einem Moment, wird er in die endlose

Hölle fallen wo er beides Licht, das viele Arten von üblen Dingen zeigt, was wiederum die Entstehung von endlosem Unwohlsein entstehen läßt, und Stille Dunkelheit, welches alles versteckt und endlose Angst erzeugt, erfährt. So die Flamme des falschen Sehens verbrennt das Organ des Hörens und transformiert es in gigantische Massen von kochendem Wasser und Seen von geschmolzenem Kupfer, Das Organ des Riechens wird zu schwarzem Rauch und Lilane Flammen, das Organ des Geschmacks wird zu heißen Pillen und geschmolzenem Eisen, das Organ der Berührung wird zu heißer Asche und brennenden Holzkohlen, und das Organ des Intellekts wird zu sprühenden Funken die den gesamten Raum stören. *(OK, wird Zeit das ich wiedermal was sage: Auffallend ist, dass diese Bilder die hier erzeugt werden wer weiß von wem, denn diese Schriften sind ja nicht die Original Videokonferenz des Buddha ONLINE, nein, sie sind ja hunderte von Jahren später in Schriftform gefaßt worden, und es ist ja bekannt, das Menschliche Wesen mögen, sie auch noch so rein gewesen sein, das waren ja Mönche, weiblich oder männlich,immer ihren eigenen Bewußtseinssenf mitlieferten, so es gibt kein einziges Original von Buddhas Aussagen, kein einziges auf der Erde, also,hier sind die Mittelalterlichen Höllentrips der Kirchensenilen gut sichtbar die damals ja auch alles Plattmorden wollte, warum ? Weil sie ja selber noch Raubsäugetiere waren. Warum? Weil sie ja ihre Evolution damals noch nicht so weit gebracht hatten das Liebe ein Bestandteil ihres Bewußtsein gewesen war, sondern sie ihre gesamte tierische Intoleranz jetzt hinter dem Rechttun, dieser Doktrinen und Gesetze verstecken konnten und sich im Recht fühlten, was aber bloß das Halelujahh der Pistoleros oder anders formuliert, der Bedrohungen gegen dein Leben ist, wenn du nicht so denkst wie ich, der ich ja Buddhist bin, und kein Nichtfurz wie du. Somit sind alle diese Orden und Sekten und Religionen oder Erlösungswege, gefärbt vom Abmurksen und Zerstören der andersdenkenden, denn auch die Buddhisten haben massenhaft abgemurkst, insbesondere die Schamanen, die ja Freiheit lebten und nicht sozusagen die Endlösung parat hatten, durch einen Buddha der insbesondere in dieser Schrift, die gesamte Existenz als falsche Betrachtung und falsches Denken, letztendlich sogar die gesamte Übergesamtheit als falsche Entwicklung sieht. Das ist dann aber kein klar logischer Weg der ursprünglichen Reinheit und*

Sauberkeit, ich habe den Eindruck da fehlt die chemische Reinigung auf pflanzlicher Basis. Also nochmal, das sieht verdammt nach Wahnsinn aus, nach Brüghels und anderen mittelalterlichen Gemälden der Superhöllen, mit Superbusenweiber und Supermännern und Superbenzin zum entflammt werden. Da sollte wohl das Angstpotenzial den Aktienkurs für Buddhismus hochtreiben. Also ich halte aber mehr als Nixi davon was ich hier lese, das ist insofern Ignorant, weil diejenigen die das geschrieben haben das fundamentalste von Buddhas Aussagen vergessen haben, nämlich : **Das es nichts zu erreichen gibt auf dem Weg zu dir selber weil du das ja schon bist.** *OK., denn das bist du ja schon selber was du durch diese Übungen und Methoden und Praktiken erreichen sollst., das kann ich selber bestätigen,denn in meinen zwanziger Jahren als ich in Berlin aktiv war, und mich intensiv mit den Themen: wer bin ich was ist Endlosigkeit und mehr beschäftigte, wurden mir sehr schöne Visionen zu sehen gegeben,die ganz eindeutig zeigten was und wer ich über diesen kleinen Körper hinaus bin, und wie es aufgebaut ist, dieser gigantische Körper der Allheit des ganzen des umfassenden Einen. So, auch wenn ich hier als Winzling in Körperform herumtaumel, ist das alles bloß das Spiel der Formen und Schöpfung und des Daseins, denn stellt euch vor alles wäre gleiche Form und gleich Intelligent oder gleich aussehend schön und soweiter, was wäre das.: Todeslangeweile und Starre. So, das war etwas Dampf ablassen zu diesem Werk der Mönche und Chan-Meister aus China.)*

Vergeltende Effekt von falschem Hören

Wenn Karma reif wird zur Zeit des Todes, die üblen Effekte des falschen Hörens führen dazu das man gigantische Wellen sieht die den Himmel und die Erde überfluten. Sein Geist folgt ihnen dann und er fällt in die endlose Hölle wo er beides erfährt, unerträgliche Geräusche die ihn konfus machen und stören und tote Stille die ihn hoffnungslos machen. So diese Wellen fließen dann in das Organ des Hörens um es in Tadel und Vernehmung zu transformieren, in das Organ des Sehens um es in Donner, Schreie von Tieren, und Giftstrahlen zu verwandeln,in das Organ des Riechens um es in Regen zu transformieren, Nebel und Schauer aus giftigen Insekten die den gesamten Körper bedecken., in das Organ des Geschmacks um es in Eiter und Blut und alle Sorten von Dreck zu transformieren, in das Organ der Berührung um es in Tiere, Geister, Exkremente, und Urin zu transformieren, und in das Organ des Intellekts um es in Blitze und Hagel zu transformieren die den Geist treffen und zerschmettern.

(Hier kann gut gesehen werden wie all die Funktionen die das selbständige Denken und die Erfahrung des Lebens ausmachen zerstört werden sollen, die eine Bedrohung für das sogenannte Einzige wahre Denken sein sollen, nämlich das der Buddhistischen Gefolgschaft und ihr Ausbeuten der anderen die ja nun alle Nixi wert sind da sie ja keine Erwählten sein können denn sie folgen ja nicht ihrem Idol das ja für sie die höchste Gottheit ist, so ein Blödsinn, denn diese Gottheit kann nichts wert sein, wenn sie so was erschafft, leiden läßt und dann auch noch mehr Leiden schafft, das wäre keine Gottheit das wäre ein wahnsinniger Übersaubuddhismusfaschist.)

Vergeltende Effekte des falschen Riechens

Wenn Karma reift zur Zeit des Todes, die üblen Effekte des falschen Riechens führen dazu das man Wolken von giftigem Gas überall sieht. Sein Geist springt dann von der Erde um in die endlose Hölle zu fallen wo er beides erfährt, das Stadium der freien Atmung die alle Sorten von üblen Düften die das Herz infizieren und unglücklich machen einatmet, und von blockiertem Atem das ihn ersticken läßt und er schwankt und zum Boden fällt. Und so diese üblen Gerüche gehen in das Organ des Riechens ein um seine Nasenatmung zu blockieren, das Organ des Sehens um es in Flammen zu transformieren oder Blitzfackeln, das Organ des Hörens um es in Töne zu verwandeln die man hört wenn man ins Wasser springt, oder beim Ertrinken, oder endlosen Wellen, das Organ des Geschmacks um es in verfaulten stinkenden Fisch zu verwandeln, das Organ der Berührung um es in reife und verfaulte Körper zu verwandeln und einen großen Haufen Fleisch mit hunderten von tausenden von Augen um sich selbst zu sehen wie man durch unzählige Biester aufgefressen wird, und das Organ des Denkens in Staub, und Krankheiten und fliegende Steine die den Körper treffen und zerbrechen. *(Solch eine Scheiße entsteht wenn Glaubensfanatiker egal welcher Art ohne den Funken Liebe ihren Fanatismus verteidigen wollen , denn ein Buddha kann so was nie aber auch niemals gesagt geschweige denn gedacht haben, denn dann würde ja sein Gesamtwerk seiner selbst voller Scheiße im Kopf sein so wie sie hier von diesen Fanatikern des Buddhismus dargestellt wird)*

Vergeltender Effekt
des falschen Schmeckens

Wenn Karma reif wird zur Zeit des Todes, die üblen Effekte des falschen Schmeckens werden denjenigen dann eiserne Netze sehen lassen und ein riesen Monster von Feuer das die ganze Erde bedeckt. *(Auch hier kann ich bloß Lachen Furtzen und Geiern über sooo viel schwachsinniges, das ist was für Blöde wie Buddhisten)* Sein Geist wird dann auferstehen um dann in das Netz zu fallen mit seinem Kopf der dann im Gewebe gefangen ist und dann wird er in die endlose Hölle kommen wo er beides seinen Einatmen fühlt der transformiert wird in bittere Kälte die den Körper beißt und sein Ausatmen das in wildes Feuer verwandelt wird das seine Knochen und Körper verbrennt. *(Dann folgt die gleiche Scheiße wie in den vorherigen Texten,wie die Organe in Metall und Waffen und dergleichen Schwachsinn verwandelt werden und derjenige schweres Leiden ausgesetzt ist.)*

Vergeltender Effekt von falscher Berührung
(Die gleiche Scheiße wie zuvor)
Vergeltender Effekt von falschem Denken
(Werde ich auch nicht übersetzen wegen zu viel Buddhistenscheiße)
Ananda, das sind die zehn Ursachen und sechs Effekte des Reichs der Hölle, welche alle erschaffen wurden durch lebende Wesen durch deren eigenen Delusionen und Falschheit.

Grade der Perversion
in Relation zum Leiden in der Hölle

Wenn zu jeder Zeit ein lebendes Wesen diese drei karmischen Ursachen der vergeltenden Effekte erschafft die mit allen sechs Sinnesorganen erleidet werden, so wird er in die Avici Hölle fallen wo er unzählige Miserabelheiten auszuhalten hat für unzählbare Äonen. *(Der gleiche Schwachsinn wie im Mittelalter die Wahnsinnigen die von sich behaupteten Christ zu sein oder auch heute. Denn das Christentum heute ist ja in Wahrheit Vollblut Heidentum . Da ist kein einziger Christ unter denen)*

Wenn jemand individuelles Karma erschafft wo sein vergeltender Effekt erleidet wird mit seinen Sinnesorganen, aber separat, so wird er in die acht ununterbrochenen Höllen fallen. Wenn er stiehlt tötet und fleischlich in Körper, Sprache und Mental ist, so wird er in die acht weniger wilden Höllen fallen.

Wenn er nicht die drei üblen Sachen macht die Körper Mund und Mentale beinhalten, aber ab und zu Tötet oder Stiehlt, so wird er in die sechsunddreißig kleineren Höllen fallen.

Wenn er nur eine von den drei Taten macht mit einem einzigen Sinnesorgan, so wird er in die 108 noch kleineren Höllen fallen. Und so, alle lebenden Wesen durch das erschaffen ihrer eigenen Ursachen mit vergeltenden Effekten, müssen die gleichen korrespondierenden Leiden in der gleichen Hölle, die Produkte ihrer eigenen Denkweise sind, erleiden, die fundamental nicht existieren.

Die zehn Kategorien
im Reich der hungrigen Geister

Weiter, Ananda, wenn lebende Wesen die Regeln brechen, und die Regeln der Bodhisattvas Disziplin zerstören, den Glauben in die Buddhanatur und die oben erwähnten zehn karmischen Ursachen erschaffen, nachdem sie in der Hölle für sukzessive Äonen geleidet haben, haben sie dann ihre falschen Taten abgezahlt und werden wiedergeboren im Reich der hungrigen Geister.

1. Wenn Verlangen der Grund für ihre Leiden war, werden sie nachdem sie ihre Sünden bezahlt haben, die Form annehmen von egal was auch immer sie treffen und werden seltsame Geister

2. Wenn Lust der Grund ihrer Leiden war, so werden sie nachdem sie ihre Sünden bezahlt haben, die Form annehmen die der Wind ihnen bringt und werden dürre Geister.

3. Wenn Täuschung der Grund ihrer Leiden war, werden sie, nachdem sie ihre Schuld bezahlt haben, die Form von Tieren annehmen die sie Treffen um Tier-Geister zu werden.

4. Wenn Haß der Grund ihrer Leiden war, werden sie, nachdem sie ihre Sünden bezahlt haben, die Form annehmen von Würmer die sie treffen und Insekten um schädliche Geister zu werden.

5. Wenn Rache der Grund ihres Leidens war, werden sie nachdem sie ihre Sünden bezahlt haben, die Form von Unglück und Palaver annehmen um Herzlose Geister zu werden.

6. Wenn Arroganz der Grund ihrer Leiden war, so werden sie nachdem sie ihre Sünden bezahlt haben, die Form annehmen wenn sie unterdrückte Menschen sehen, und werden Sterbende Geister.

7. Wenn Betrug der Grund ihrer Leiden war, so werden sie nachdem sie ihre Sünden bezahlt haben, die Form annehmen wenn sie sich in dunklen Plätzen befinden um Alptraum Geister zu werden.

8. Wenn falsche Ansichten die Ursache ihres Leiden war, so werden sie nachdem sie ihre Sünden bezahlt haben, die Form annehmen wenn sie Kobolde sehen um dann Wassernymphen zu werden.

9. Wenn Unfairneß der Grund ihrer Leiden war, so werden sie nachdem sie ihre Schuld abgezahlt haben, die Form annehmen wenn sie Licht sehen um Dienende Geister zu werden.

10. Wenn Disputation der Grund ihrer Leiden war, so werden sie wenn sie ihre Sünden abgezahlt haben, die Form annehmen wenn sie ein Medium treffen um Nachrichten Geister zu werden.

Ananda, diese Wesen sind komplett dominiert durch ihre Leidenschaften welches der Grund für den Fall in das Reich der Hölle ist wo sie verbrannt werden durch die Flammen der Leidenschaft und von wo sie dann als hungrige Geister erscheinen. Das sind die Stadien die als Produkt von Karma erschaffen werden durch falsches Denken. Wenn sie zu Bodhi erwachen, werden sie finden das fundamental diese karmischen Stadien, dort nicht gefunden werden in dem perfekten und erleuchteten Geist.

Die zehn Kategorien von Tieren

Weiter, Ananda, wenn alle karmischen Effekte komplett ausgehalten wurden im Reich der hungrigen Geister, das ist, wenn die Konsequenzen von Leidenschaften und Denken beendet sind, so werden sie wiedergeboren als Tiere, die ihre zuvorigen Kreditgeber widertreffen um ihnen das noch außenstehende zurückzuzahlen. *(Genauso korrupt wie die Bankwissenschaft und die Zinswissenschaftler genau so mathematisch wie das Raubtiermental oder genauer das Faschismusmental liest sich das alles hier- denn Faschismus ist ja global und bedeutet nichts anderes als Raubmensch)*

1. Seltsame Geister, nachdem sie ihre Schuld im Reich der Geister bezahlt haben werden meistes als Eulen wiedergeboren.
2. Dürre Geister, nachdem sie ihre Schuld im Reich der Geister bezahlt haben, werden meistens als unglückliche Kreaturen wiedergeboren.
3. Tier Geister, nachdem sie ihre Schuld im Reich der Geister bezahlt haben, werden meistens als Füchse wiedergeboren.
4. Schädliche Geister, nachdem sie ihre Schuld im Reich der Geister bezahlt haben, werden meistens als Giftige Kreaturen wiedergeboren.
5. Herzlose Geister, nachdem sie ihre Schuld bezahlt haben im Reich der Geister, werden meistens als Bandwürmer wiedergeboren.
6. Sterbende Geister, nachdem sie ihre Schuld im Reich der Geister bezahlt haben, werden meistens als Kreaturen wiedergeboren die gut für Nahrung sind.
7. Alptraum Geister, nachdem sie ihre Schuld abgezahlt haben im Reich der Geister, werden meistens als Kreaturen wiedergeboren die Material für Kleidung sind.
8. Wassernymphen Geister, nachdem sie ihre Schuld abgezahlt haben im Reich der Geister, werden meistens als Wesen wiedergeboren durch denen die Zukunft vorhergesagt werden kann.

9. Dienende Geister, nachdem sie ihre Schuld im Reich der Geister bezahlt haben, werden meistens als verdächtige Kreaturen wiedergeboren.

10. Nachrichten Geister, nachdem sie ihre Schuld im Reich der Geister abgezahlt haben, werden meistens als domestizierte Tiere wiedergeboren.

Ananda, diese hungrigen Geister, nachdem sie vertrocknen wegen der verbrennenden Flammen ihrer Leidenschaften um ihre zuvorigen Schulden zu bezahlen, sind so als Tiere wiedergeboren. Diese Stadien sind entstanden durch ihre karmischen Lasten aber wenn sie erwachen zum Bodhi Geist, werden sie finden das der Grund für diese Falschheit fundamental nicht existierte. Du hast die Nonne Duft des kostbaren Lotus erwähnt, den König Crystal und den Mönch Sanaksatra, aber deren übles Karma kam weder vom Himmel noch von der Erde, weder noch war das ihnen auferlegt, durch andere. Seit die üblen Taten von ihnen selber gemacht wurden, so mußten sie ihre eigenen Konsequenzen erleiden, welches das erstarren ihrer vorbeiziehenden falschen Gedanken im Bodhi Geist war. *(Damit kann ich viel anfangen , warum , weil näm lich du selber das Göttliche bist, und da das Göttliche alles erschafft was es Denken und sich vorstellen kann , so ist das eben das Resultat deiner eigenen Göttlichen Mentalen Abläufe, oder an das was du Glaubst oder Denkst, und so weiter das wirst du erleben, aber da sich ja die meisten Menschen nicht bewusst sind das sie das Göttliche sind , sondern Denken und Glauben sie wären ein Mensch, so müssen sie ihren Salat erleben , denn vergesst nicht, du manifestierst ununterbrochen , manchmal schnell manchmal sehr langsam je nach Projekten, aber du stellst dir vor das du zum Beispiel ein Haus bauen willst, und tust dann alles was nötig ist um das zu materialisieren oder ein Auto und so weiter, und dieses gleiche Mental oder Geist wie immer du das auch nennen willst, das kannst du aber auch benutzen um zur Quelle dieses Mentals oder Geistes zu kommen oder zur Essenz, in dem du anstatt den Weg nach außen zu materialisieren den Weg nach innen gehst um das sozusagen zu materialisieren .)*

Weiter, Ananda, wenn diese Kreaturen, während sie ihre zuvorigen Schulden bezahlen, mehr bezahlen als nötig, so werden sie als Menschen wiedergeboren um den unterschied zurückzufordern. Wenn diese Kreditgeber dann Menschen sind von guten Eigenschaften, und sie können ihre außenstehenden Balancen zurückzahlen, so werden sie ihre menschliche Form behalten, aber wenn sie Menschen sind mit wenig gutem, so werden sie als Tiere wiedergeboren um das wieder gut zu machen was sie als Überschuß bekommen hatten. *(Was für ein bodenloser Blödsinn für Blöde von Blöden , denn du kannst doch deine Balancen auch als Mensch zurückzahlen , sogar besser, denn wie soll ein Tier etwas zurückzahlen können)*

Ananda, du solltest wissen, das wenn die Verschuldung aus Geld und Arbeit besteht, so wird es aufhören sobald es zurückgezahlt wurde. Aber wenn dazu nun beim zurückzahlen, die Kreatur tötet um Nahrung zu haben, auch für den Kreditgeber, so wird das eine endlose Runde zwischen Kreditgeber und Kreditempfänger auslösen von gegenseitigen Töten, und Essen, welches nur zu einem Ende gebracht werden kann, durch die Praktizierung von Samatha oder wenn ein Buddha erscheint in der Welt um ihnen das Gesetz zu lehren.

(So was würde ich nie als letzte Wahrheit akzeptieren oder als Göttliche Logik , oder etwas glauben , dann wäre ja ein Buddha der einzige der einen sozusagen retten könnte, aber ein Buddha kann niemals das allmächtige Göttliche sein , und außerdem , was ist so übel daran wiedergeboren zu werden , denn deine Essenz ist ja immer das Göttliche, also, nein , so was würde ich niemals als Wahrheit akzeptieren , niemals.)

Die zehn Kategorien
im Reich der menschlichen Wesen

1. Du solltest wissen das Eulen, nachdem sie ihre letzten Schulden bezahlt haben, wiedergeboren werden als widerspenstige Menschen im Reich der Menschen.

2. Unglückliche Kreaturen, nachdem sie ihre Schulden abgezahlt haben, werden wiedergeboren als Menschen mit Tiergewohnheiten.

3. Füchse, nachdem sie ihre Schulden abgezahlt haben, werden wiedergeboren als vulgäre Menschen.

4. Giftige Kreaturen, nachdem sie ihre Schulden abgezahlt haben, werden wiedergeboren als wilde wütende. *(So wie Conan der Barbar HoHoHo)*

5. Bandwürmer, nachdem sie ihre Schulden abgezahlt haben, werden wiedergeboren als niederträchtige Menschen. *(Man , sogar die Bandwürmer laden Schuld auf sich ein Bandwurm zu sein , das ist eine Logik , das ist eine Schöpfung , von Blöden Buddhisten für Blöde Buddhisten und solche die Blöde Buddhisten werden wollen, damit sie gerettttttettttttth werden können .)*

6. Kreaturen die gut für Nahrung sind, nachdem sie ihre Schulden abgezahlt haben, werden wiedergeboren als Feiglinge. *(Guckt mal, da sind also diese Kreaturen schon zum Fressen da zbs, Pflanzen, werden also gefressen, und dann laden sie noch Schuld auf sich, mein Gott ist diese Buddistenkotze eine Idiotie von Idioten für Idioten. Ganz klar ein Produkt von ignoranten Gläubigen also diesem Mönch Leng Yen Ching oder Kurz Euro Kling)*

7. Tiere die Materialien für Tragekomfort produzieren, nachdem sie ihre Schulden abgezahlt haben, werden wiedergeboren als sklavische Menschen. *(Was muß das für eine Diabolische Schöpfung sein die sich diese Raubsäugetiere damals ausgedacht hatten, die konnten weder sehen noch hören noch riechen noch Fühlen noch waren die Intelligent oder konnten sie selbst Denken, denn alles das wurde ihnen ja vom Buddha verboten, deswegen, ein Buddha zu sein, ist bloß ein Lichtlein im unermeßlichen Licht des all mächtigen Göttlichen mehr nicht, und ein Buddha ist nicht die Gottheit so wie Jesus nicht die Gottheit ist oder Mohammed und die anderen aus denen dann diese Wirrnisgefolgschaften entstanden sind und die sich heute ausbeuten lassen als Religionsäffchen.)*

8. Kreaturen durch denen die Zukunft vorausgesagt werden kann, nachdem sie ihre Schulden abgezahlt haben, werden als literarische Menschen wiedergeboren.

9. Glückliche Kreaturen, nachdem sie ihre Schulden abgezahlt haben, werden als intelligente Menschen wiedergeboren.

10. Domestizierte Tiere, nachdem sie ihre Schulden abgezahlt haben, werden als Menschen wiedergeboren die sich in den Wegen des Weltlichen gut auskennen.

Ananda, diese lebenden Wesen, nachdem sie ihre Schulden abgezahlt haben, werden im Reich der Meschen wiedergeboren seit der Anfangslosen Zeit, denn, sie haben aufgrund ihres Karmas und Perversion, sich gegenseitig getötet, und haben noch keinen Buddha getroffen oder haben das richtige Gesetz gehört, und deswegen deren Transmigration, in Übereinstimmung mit dem Gesetz des Lebens, Samsara. Sie sind höchst bedauernswert. *(Alleine diese letzte Aussage von Buddha ist so unlogisch und so wirr das mir schon ganz wirr wird , und wenn mich nun jemand wirr macht durch seine Wirrnis was lädt der für Parmakakarma auf sich, also Stinkkarma , denn alleine die Tatsache das Lebewesen in unterschiedlichen Reichen geboren werden und als Insekten Wölfe und liebenswerte Königskobras und Taipanschlangen oder als Tiger und Vieren leben , ist ja nicht dann schon Vorprogrammiert das sie sich gegenseitig töten müssen , und kann das eine Schuld sein , natürlich nicht, niemals, das ist bloß ein Werdegang aber keine Schuld , ein Werdegang durch die Evolution , und die kann niemals aber auch niemals eine Schuld sein , also wiedermal bloß eine Buddha Einsicht mehr nicht. Aber wahrscheinlich bloß ein Produkt dieses Mönches Leng Yen Ching und seiner Kollegen und nicht Sidharta Gautama Buddhas Produkt.)*

Die zehn Kategorien im Reich der Seher (Rsis)

Ananda, da sind Menschen die, anstatt den Samadhi zu kultivieren *(Hat was mit Vieren zu tuen ?)* des rechten Bodhi, stattdessen aber die Unsterblichkeit praktizieren in Übereinstimmung mit ihren falschen Gedanken, und so ihr Denken und Körper erhalten, sie sind Stolz mit ihrem Leben in Bergen, Höhlen, und unbewohnten Plätzen. Da gibt es zehn Kategorien von ihnen.

1. Ananda, solche Menschen die eine besondere Diät praktizieren um ihren Körper zu erhalten um dadurch länger zu leben, das sind die erdgebundenen Seher.

2. Solche die Kräuter und Früchte essen um ihren Körper zu erhalten und deswegen länger leben auch weil sie Medizin nehmen, das sind die fliegenden Seher.

3. Solche die mineralische Produkte zu sich nehmen um länger zu

Leben durch die Kunst der Alchimie, sie werden unbehinderte herumziehende Seher genannt.

4. Solche die ihre Organische Funktion regulieren um länger zu Leben zum Beispiel durch Atemkontrolle, sie werden Immaterielle Seher genannt.

5. Solche die ihren Speichel kontrollieren um länger zu Leben und dadurch eine glühende Spiritualität haben, sie werden Himmlische Seher genannt.

6. Solche die sich von den vitalen Prinzipien der Natur ernähren um die Essenz der Form zu erhalten und deswegen länger Leben durch das absorbieren der natürlichen Reinheit, sie werden die in alles- eingehenden Seher genannt.

7. Solche die Zauberformeln nutzen um ihren Körper zu erhalten und deswegen länger leben durch die okkulten Wege, sie werden die Seher des niederen Tao genannt .

(Am Begriff Tao kann schon gesehen werden das diese Schrift eben von einem Mischdenken Menschen der als Chan- Meister betrachtet wird zusammengestellt wurde. was ja Ok ist, denn Buddha hat ja keine einzige Schrift hinterlassen)

8. Solche die sich auf ihre Gedanken konzentrieren um ihren Körper zu erhalten und deswegen länger leben durch die mentale Konzentration, sie werden illuminierte Seher genannt.

9. Solche die die Integration von Positiv und Negativ praktizieren um ihren Körper zu erhalten und deswegen länger Leben durch den Weg der spirituellen Kräfte des Yoga, sie werden spirituelle Seher genannt.

10. Solche die eine Sublimation ihres Körpers praktizieren und deswegen länger Leben durch spirituelles Bewußtsein, sie werden Seher des höchsten Ordens genannt.

Ananda, diese Menschen regulieren ihr Mental aber sie praktizieren nicht den rechten Bodhi, leben möglicherweise für Tausend und Zehntausende von Jahren, sie leben auf hohen Bergen, oder Inseln oder Wüsten abgeschnitten von weltlichen Verbindungen.

Deren Verfassung gehört aber trotzdem noch zum Samsarafluß (*Lebensfluß*) der falschen Gedanken, und weil sie nicht Samadhi praktizieren, wenn sie ihre gesegneten Errungenschaften genossen haben, werden sie wieder zurückkommen zu den niederen Stufen der Existenz. *(Der Buddha, angeblich, stellt sich hier so dar als ob sein Seinszustand der höchste Seinszustand wäre, ich denke mir, das stimmt nicht, und werde darauf im Nachwort ausführlicher eingehen)*

Das Reich der Götter (Devaloka)
(Alleine der Begriff Götter ist schon irreführend denn es ist ein Begriff in der Mehrzahl, und die Einzahl davon wäre nämlich Gott)
Die sechs Himmel im Reich von Wünschen

1. Ananda, da sind Männer die nicht das Permanente suchen, weil sie nicht die Liebe zu ihren Frauen überwinden können. Sie machen jedoch keinen Ehebruch, und deswegen ist ihr Mental hell und klar. Nach ihrem Tod, werden sie wiedergeboren in den Regionen nahe zur Sonne und dem Mond, die vier Himmel der vier Devakönige genannt wird.

2. Da sind Männer die, obwohl sie mit ihren Frauen leben, bloß lauwarm sind in Bezug zur Liebe und Sexuellem Verlangen, nach ihrem Tod, werden sie wiedergeboren in der Region über der Sonne und dem Mond und auf dem Gipfel der Welt, genannt die Trayastri msa Himmel. (Der Himmel der 33 Devas, der Himmel von Indra auf dem Berg Sumeru)

3. Solche deren Sexuelles verlangen nur zufällig ist, und dann wieder vergessen wird,, sie haben die Liebe losgelassen, und die Tranquillität bevorzugen anstatt Unruhe, werden, nach ihren Tod wiedergeboren, im Raum, wo sie in Helligkeit leben können mit der Finsternis der Sonne und dem Mond, weil ihr eigener Körper so stark leuchtet. Das ist der Suyama Himmel. *(Das kann ich von meiner eigenen Erfahrung auch sagen, denn als ich auf Kreta Meditierte und einmal das Innere Licht in mir sah und einiges mehr, konnte ich am hellichten Tage in die Kretasonne schauen, und siehe da, ihr Licht war bloß so hell wie das eines angeleuchteten Mondes, und ich konnte zu mir sagen: MEIN LICHT IST HELLER ALS*

DAS LICHT DER SONNE.)

4. Solche die andauern in Tranquillität leben, aber immer noch nicht immun sind gegen Störung, werden nach ihrem Tod, wiedergeboren in den feineren Regionen welches über das erreichen von Mensch und niederen Devas hinausgeht und welcher unbeeinflußt bleibt durch die drei Kalamitäten wie Feuer Wasser und Wind, während des Zeitalters der Weltzerstörung. Das ist der Tusita Himmel. *(Das ist sozusagen der Vorgarten vom Reinen Land von Maitreya der als nächster Buddha erscheinen soll. Die Buddhisten die das Gelöbnis ablegen nach ihrer Erleuchtung lebende Wesen zu befreien, denen wird versprochen das sie dort wiedergeboren werden, und Maitreya folgen werden als Assistenten um Menschen das Gesetz zu lehren.)*

5. Solche die sämtliches sexuelles Verlangen befriedigt haben und beseitigt, aber immer noch bereit sind das ihrer Frauen zu befriedigen, und die so was fühlen als ob sie geschmacklosen Wachs kauen währen des Vögelns, oder Beischlafs, oder Make Love not War, werden, nachdem sie gestorben sind, wiedergeboren in der Region die erreicht wird durch Sprünge und Hüpfen, direkt vom Reich der Menschen. Ohne vorher durch die vier niederen Himmel zu müssen. Das ist der Nirmanarati Himmel. *(Der Himmel wo jede Form der Freude erreicht wird durch Wille, und wo bloßes Lächeln sexuelle Wünsche befriedigt.)*

6. Solche die ihr weltliches Mental abgeschnitten haben und so frei sind von den erdlichen Voreingenommenheiten wenn sie mit weltlichen Wesen Kontakt haben, werden nach ihrem Tod wiedergeboren in der Region die über die Freude hinausgeht die mit dem Willen erreicht werden kann. Das ist der Parranirmitavasavartin Himmel. *(Die Wohnung von Shiva und Mara wo die Devas sich selbst bedienen an den guten Errungenschaften von anderen, für ihr eigens belieben, und wo sie das andere Geschlecht anschauen um ihre Sexuellen Wünsche zu befriedigen.)* Ananda, obwohl diese sechs Bereiche des Himmels frei sind von mentalen Störungen, so werden sie doch das begriffliche Mental wiedererlangen, deswegen werden sie die Reiche der Wünsche genannt.

Die vier Reiche des Dhyana Himmels
im Reich der Form
Die erste Region von drei Dhyana Himmel

1. Ananda,alle weltlichen Menschen die nicht Meditation praktizieren um ihr Mental zu kultivieren, können keine Weisheit erlangen. Wenn sie nur abstand von sexuellen Wünschen praktizieren auch wenn sie nichtmal daran denken während ihrer täglichen Aktivitäten, so werden sie nicht von Liebe kontaminiert und werden das Reich des Verlangens verlassen. Sie werden wiedergeboren wie sie es sich wünschen, als Menschen in den Himmeln die Brahmakayika genannt werden.
2. Solche die ihr Mental befreien können von der Gewohnheit des Verlangens und so ein Mental erlangen frei von Lust, sie sind fähig die Regeln der Moral zu halten und der Disziplin und leben rein in was immer sie auch tuen. Sie werden wiedergeboren als Minister von Brahma in den Himmeln Brahmapurohitas.
3. Solche deren Körper und Mentale tiefgründig und perfekt sind, deren Benehmen und reines Leben unangreifbar ist und deswegen das klare verstehen erreichen, sind qualifiziert über die Brahmadevas zu regieren als deren Lords. Das ist der Mahabrahma Himmel. Ananda, diese drei Himmel sind frei von allen weltlichem Ärger der sie dort nicht erreichen kann. Obwohl diese Götter nicht den rechten Samadhi praktizieren, ist deren Mental still und frei von allen Störungen. Das ist die erste Region des Dhyana Himmels.

Die zweite Region von den
drei Dhyana Himmeln

1. Ananda, als nächstes kommt der Himmel von Brahma der über seine Menschen regiert und die Regeln des reinen Lebens perfektioniert und dessen ungestörtes Mental still ist und leuchtet. Das ist der Himmel des kleineren Lichts.
2. Das kleinere Licht wird größer und erleuchtet die Welten in den

zehn Direktionen und dabei verändert sich alles zu Kristall Klarheit. Das ist der Himmel des endlosen Lichts.

3. Das erhalten dieses endlosen Lichts ist nun das Thema der Lehren der Stimme die Reinheit und Sauberkeit predigt zu all denen die darauf antworten können. Das ist der Abhasvara Himmel. *(Der Himmel wo die Bewohner durch Licht kommunizieren anstatt mit Wörtern)* Ananda, diese drei Himmel sind über alles weltliche an Beschwerden weit hinaus und obwohl die Devas nicht den richtigen Samadhi praktizieren deren Mental ist frei von allen rohen charakteristischen Eigenschaften des Samsara, Lebens. Das ist die Region des zweiten Dhyana Himmel.

Die dritte Region der drei Dhyana Himmel

1. Ananda, nun, diese Devas verwandeln dieses perfekte Licht in das Thema der Stimme die dann das wundervolle erscheinen läßt und dabei die Entstehung von reinem Verhalten das sich mit Dhyana vereint produziert indem es alle zuvorigen Gefühle der Freude beseitigt. Das ist der Himmel der kleineren Reinheit.

2. Reine Leere manifestiert sich nun in seiner endlosen Immensität die dadurch beides Körper und Mental die Erfahrung von komfortabler Schwerelosigkeit ermöglicht und Nirwanische Glückseligkeit. Das ist der Himmel von endloser Reinheit.

3. Körper, Mental und Universum sind nun in einem Stadium von perfekter Reinheit, die nun einen Wohnsitz von klarer überweltlicher Nirwanischer Glückseligkeit erleben . Das ist der Himmel von Universaler Reinheit. Ananda, diese drei Himmel sind in Übereinstimmung mit dem Stadium des perfekten Dhyana wo Körper und Mental zur Ruhe gekommen sind und endlose Glückseligkeit genießen. Obwohl die Devas nicht den richtigen Samadhi praktizieren sind deren Mental voller Glücklichkeit. Das ist die dritte Region der Dhyana Himmel.

Die vierte Region der
vier Dhyana Himmel

1. Ananda, nun weiter, dieses Devas *(Devas: Die Götter die höchsten Inkarnationen der sechs Welten der Existenz)* deren Körper und Mental ohne jegliches Leiden sind weil deren Ursachen beseitigt wurden, sie realisieren das Seligkeit nicht permanent ist, und mit der Zeit auch zu Ende geht. Deswegen geben sie komplett das dualistische Konzept auf von Leiden und Glücklichkeit, und so entfernen sie die groben Charakteristika der beiden Konditionen, wodurch das Stadium der Glückseligkeit sich in all seiner Reinheit manifestiert. Das ist der Himmel der glückseligen Geburt.

2. Die Eliminierung der beiden dualistischen Konzepte resultiert in ihrer kompletten Freiheit von Hinderungen und ermöglicht ihnen das volle Maß an Glückseligkeit zu genießen solange sie in diesem Himmel bleiben. *(Wer genau mitliest und aufpaßt der erkennt das Buddha hier also Evolution beschreibt die völlig unabhängig von jeglicher Yogaform und Tätigkeit ist sowie völlig frei ist von irgendwelchen Meditationspraktiken oder anderen Praktiken, die sich ergeben durch ein wachsames leben in eigener Leistung und Wille dem Schönen und Guten zu folgen und anderen Fähigkeiten wie Unterscheidungsvermögen, Denken , Intelligenz und soweiter)*

3. Ananda, der eben beschriebene Himmel teilt sich nun in zwei Pfade, einer ist erreichbar von denen, die im Licht der endlosen Reinheit, die Perfektion der Glückseligkeit, als ihre Heimat erreichen. Das ist der Himmel der endlosen Früchte.

4. Und die andere Sicht ist jene, wenn sie beides Leiden und Glücklichkeit beseitigen und dabei eine entsagende Einstellung bekommen, Mental, welches mit der Zeit sicher stellt das es eine totale Entsagung wird, beides, Körper und Mental, wird eliminiert werden und mit ihnen alle mentalen Schwierigkeiten.

Aber, weil ihre Praktizierung auf samsarischen Ideen, also weltlichen Ideen, von Geburt und Tod, als der Punkt des Anfangs basiert, werden sie nicht, bis weitere für fünfhundert Äonen vergangen sind, ihre permanente Natur realisieren. Der Grund dafür ist folgender, sie können in jedem Kalpa, Äon, *(Kalpa: Die Periode der Zeit zwischen der Erschaffung, Zerstörung, und Wiederaufbau, der Welt oder Universums.)* nur in der ersten Hälfte wegen des falschen Anfangs, alle ihre Gedanken beseitigen, die aber in der zweiten Hälfte wieder erscheinen wegen des falschen Anfangs der Idee von Geburt und Sterben. Das ist der Himmel der gedankenlosen Devas. Ananda, diese vier Himmel sind erhaben über weltliches Leiden und Glücklichkeit, die sie da nicht mehr beunruhigen kann. Aber sie haben bis jetzt noch nicht das wahre Stadium der transzendentalen Unveränderlichkeit erreicht weil sie immer noch die Idee haben,von erreichen müssen. Wegen dieser effizienten Möglichkeiten sind sie die vier Regionen der Dhyana Himmel genannt.

Die fünf Himmel
von wo es kein zurück gibt.

Weiter, Ananda, über diesen vier Regionen der Dhyana Himmel *(Meditations Himmel)* da gibt es fünf Himmel von denen es kein zurück mehr gibt, deren Devas haben komplett alle Gewohnheiten aufgegeben die sie an die neun Arten der Delusion der niederen Himmel gebunden hatte. Sie sind nun über das Leiden hinausgegangen und über die Glücklichkeit und Leben deswegen nicht mehr in den minderwertigen Himmeln. Deswegen ist deren gegenwärtige Heimat aufgebaut durch das erreichen durch Entsagung, die folgende sind:

1. Ananda, mit der kompletten Eliminierung von beidem, Leiden und Glücklichkeit, hört das kämpfende Mental auf, und steigt in diesen Himmel, der frei von allem Schwierigkeiten ist und Himmel frei von Schwierigkeiten genannt wird.

2. Nun bleibt bloß das entsagende Mental übrig das nicht länger von Objekten konfrontiert wird in diesem Himmel der frei ist von Hitze und Ärger und Himmel frei von Hitze und Ärger genannt wird.

3. Alle Welten in den zehn Richtungen werden nun klar

erkannt als perfekt still, ohne jegliches Teilchen der Unreinheit in diesem Himmel der exzellenten Wahrnehmung.

4. Die Essenz des Sehens manifestiert sich nun und löst alle noch feineren Hinderungen auf in dem Himmel der exzellenten Manifestationen.

5. Die allerhöchsten feineren Formen führen zum extremen Limit wo der Anfang von endlosem Raum ist, in diesem ultimativen Himmel der feinsten Formen. Ananda, diese fünf Himmel von wo es kein zurück gibt sind unwahrnehmbar für die Devakönige der vier Dhyana Himmel die nur die Existenz hören sie aber nicht sehen können. Sie sind wie diese heiligen Plätze die tief in den Bergen sind und die die Heimat der Arhats sind und die kein weltlicher sehen kann. Ananda, diese genannten Himmel sind die Himmel der Form deren Devas alleine sind, erhaben über alle Wünsche, aber immer noch behindert werden durch ihre eigene Form. Diese Himmel sind deswegen im Reich der Form.

Die vier Himmel
der formlosen Reiche des reinen Geistes

Das Stadium des großen Arhat *(Ein Heiliger)* Weiter, Ananda, die Region die über der Spitze der Region der Form, ist in zwei Pfade unterteilt. Wenn das entsagende Mental dieser Devas transzendentale Weisheit kreiert, das Licht das perfekt alles durchdringt, wird dann über das Samsara springen um Arhats zu werden die dann in das Bodhisattva Stadium eintreten. Sie werden große Arhats genannt deren Mental sich nun in Richtung Mahayana dreht. *(Auch Buddha oder Sidharta kämpfe ja vor 2500 Jahren gegen die Verlogenheit der etablierten Religionen damals als es in Indien der Vedische Brahmanenkult der verkommen und verlogen war wie es alle Religionen sind, und deswegen mußte Buddha ja auch neuere und höhere Ideale erschaffen und Mahayana ist eines davon, Mahayana, oder das große Gefährt, Universalität, oder Befreiung für alle, denn unter den Vedischen Brahmanen war alles in Unfreiheit und*

Kasten aufgeteilt wo nur die Brahmanen die Absahner aller anderen waren, wie heute die politischen Kasten und die Geldkasten der Banken und Megafirmen die zum Beispiel in der Erdölkaste und der Pharmazeutischen Kaste und andere Geldkastenrealitäten die eure Realitäten zu ihren Absahnerealitäten gemacht haben und mehr oder weniger alles zu einem Brei von Verlogenheiten gemacht haben dazu gehört auch die Verlogenheit der synthetischen unbiologischen Düngervergiftungen weltweit.)

Die vier Himmel ohne Form

1. Und weiter, wenn, nachdem nun ein entsagendes Mental erreicht ist, lassen sie das erreichte los und dann ist deren Körper nicht länger ein Hindernis, und sie können so alle Schwierigkeiten beseitigen um in die Leere zu gehen. Das ist der Himmel der endlosen Leere.

2.. Nachdem alle Hinderungen beseitigt sind, halten sie sich fern von der endlosen Leere, und so werden sie nur die feinere Hälfte, oder die subjektive Wahrnehmung des Egos behalten, oder das siebte Bewußtsein, das diskriminierende und der konstruktive Sinn, der Grund für allen Egoismus und Individualität, im achten Bewußtsein. *(Alaya)*

3. Mit der Eliminierung von Form und Leere und der dazugehörigen Beseitigung des Bewußtseins, alle zehn Richtungen werden total still, und treffen sich im Nichts. Dieser Himmel wird der Himmel des Nichts genannt. *(Es ist die Region wo Nichts existiert und wo nur Bewußtsein in seiner allerfeinsten Art übrigbleibt. Es ist nicht das höchste und gehört immer noch zum Samsara Leben.)*

4. Bewußtsein wird nun unbewegliche Wahrnehmung, und endet so in allem weiteren erschöpfendem Suchen. Als ein Resultat, das unerschöpfliche, zeigt das unerschöpfliche welches bloß scheint, aber jetzt noch nicht, bleibt und welches scheint, aber doch nicht, endet. Das ist der Himmel der Devas die weder Gedankenreich noch nicht Gedankenreich sind.

Das Anagami Stadium
(Ein nicht kommender und nicht gehender Heiliger)

Obwohl die Devas der vier Himmel ohne Form erfolgreich sind mühevoll in die Leere zu sehen, schaffen sie es trotzdem nicht die absolute Leere des Noumenon der reinen Idee zu realisieren. Sie kommen alle von den fünf Himmel der Form von wo es kein zurück gibt und wenn sie nicht abweichen vom heiligen Weg, werden sie die nicht wiedergeborenen *(Anagamins)* der Arhatheit *(Heiligen)* genannt, deren dumpfes Mental sich nun in Richtung Mahayana gewendet hat. Jedoch, wenn sie gedankenlosen Devas folgen die den Weg der abweichenden Meinung gehen, und dann in dieser nicht endenden Leere bleiben, so werden sie zwar die Vorzüge des Samsarischen Himmels genießen, aber nicht die Chance bekommen das Dharma zu hören, und so werden sie dann wieder zurückkommen zum Rad der Geburt und des Todes. *(Viel Wirrnis in diesem Schrieb, einmal heißt es sie kommen von den fünf Himmeln der Form von wo es kein zurück gibt, und nun heißt es sie müssen wieder zurück zum Rad der Geburt und des Todes, ich habe den Eindruck hier wird krampfhaft versucht andere Wesen zu besiegen und sozusagen das Beste zu sein, und alle anderen Mundtod zu machen und Denktod und alle anderen müssen so sein wie sie selber, das hat auch was mit dem Problem von Buddha zu tuen, oder besser Sidharta, denn Sidharta hatte ja ein stupides Problem, was ja zeigt in welchem Zustand der war, der kam nicht mit Alter und Sterben klar, wo es garnichts klarzugeben hat, das ist so, aber der konnte die Soheit nicht erkennen obwohl sie vor ihm lag, deswegen, seit Wachsam das ihr euch nicht die Probleme anderer Ignoranter reinzieht wie Sidharta und andere, die ja nun krampfhaft versuchen müssen ihre Realität weiter zu geben, denn da ist ja nichts anderes für sie da. Nochmal, seit wachsam das ihr euch nicht die Probleme von anderen reinzieht, und Äonenlang Meditiert bloß um zu erkennen, das war ja total aber auch total unnötig, denn das bin ich ja schon längst, so wozu das alles. Seit wachsam mit allen die euch retten wollen oder die mehr erleuchtet zu sein scheinen als du selber, denn in Wahrheit bis du alles immer zur gleichen Zeit.)* Ananda, alle diese

Devas in diesen Himmeln waren einmal weltliche Menschen deren Belohnung ihre Wiedergeburt in diesen Himmel ist, und nach dem sie die Früchte genossen haben, werden sie zurückkehren zu Samsara, dem Rad des Lebens. Jedoch deren Bosse sind die Bodhisattvas, die in ihrer Praktizierung des Samadhi *(Ein Bodhisattva ist ein Mahajanist der Erleuchtung sucht um andere zu Erleuchten , er ist leer von Egoismus und voller Hingabe andere zu Helfen.)* in diesen Himmeln erscheinen welche sie als Pfad für ihren progressiven Fortschritt zur Buddhaheit nutzen.

Ananda, die Devas in diesen vier Himmeln ohne Form haben alle Spuren von Körper und Mental beseitigt. Als ihre stille Natur dann erscheint, sind sie frei von allen Vergeltungen die zur materiellen Form gehören. Deswegen ist es die Region ohne Form. All das kommt von ihrem Wesen das sich nicht klar ist was ihr tiefes Mental des Bodhi ist, und wegen der Ansammlung und Festhaltung an Gedanken, erschaffen sie die drei Illusorischen Reiche der Existenz durch die sieben Stadien, Hölle, Hungrige Geister, Tiere, Menschen, Seher, Götter, und Titanen, und deswegen sind sie lebende Wesen in der Welt die sie verdienen. *(Ganz schön üble Mentalität hinter dieser Beschreibung , ganz schön Übel diese Typen)*

Die vier Klassen im Reich der Titanen
Asura-Gati- *(Feinde Götter)*

Weiter, Ananda, da sind vier Klassen von Asuras in den drei Reichen der Existenz.

1. Wenn ein hungriger Geist, während er in seinem Reich ist, versucht das Dharma zu schützen, und dabei sein kraftvolles Verständnis nutzt um in die Leere zu gehen, so wird er wiedergeboren von einem Ei als Asura, der verbunden ist zum Reich der Hungrigen Geister.

2. Wenn ein Deva, wegen seiner abnehmenden guten Taten, kurz davor ist in die Region zu fallen in der nähe der Sonne und dem Mond, so wird er wiedergeboren aus einem Bauch als Asura der verbunden ist mit dem Reich der menschlichen Wesen.

3. Ein König der Asuras der über die Welt regiert, ist kraftvoll und angstlos und kann wegen der Macht gegen Brahma und seine Leute kämpfen, und Sakra und die vier Könige der vier niederen Himmel. Dieser Asura wird wiedergeboren durch Transformation und ist verbunden mit dem Reich des Himmels.

4. Ananda, da ist noch eine andere Klasse von minderwertigen Asuras die in dem Meer geboren werden und wo sie in Löchern leben. Sie Reisen durch den Raum am Tage und kehren Nachts zurück ins Meer. Diese Asura sind durch Feuchtigkeit geboren und sind verbunden mit dem Reich der Tiere.

Ananda, die sieben Reiche der Hölle, hungrigen Geister, Tie-re, Menschen, Seher, Himmel und Titanen kommen von deren eigenen Illusionen der weltlichen Formen. Sie werden erschaffen durch ihre eigenen falschen Gedanken und sind wie Blumen im Himmel mit deren tiefen perfekten hellen und nicht er-schaffenden fundamentalen Mental. Essentiell sind sie nicht in Verbindung zu irgendetwas, und sind das Produkt der Falschheit welches weder Wurzeln noch Erkenntnis hat.

Ananda, diese lebenden Wesen sind sich nicht Bewußt in Bezug zu ihrem ursprünglichen Mental und so leiden sie von den Runden in Geburt und Wiedergeburt im Samsara. Wenn sie unzählige Runden von Geburt und Wiedergeburt gemacht haben ohne ihr reines und wunderbares Mental zu realisieren, ist es deswegen weil sie getötet haben, gestohlen, und waren fleischlich und sie durch die Wiedergeburten vergessen haben wo diese Taten unbekannt sind. Wo diese Taten existieren das wird das Reich der hungrigen Geister genannt und wo sie nicht existieren das Reich der Devas. Die Gegenwart oder Abwesenheit dieser drei üblen Taten verändern und bedingen das Rad der Wiedergeburten.

Wenn sie Samadhi erreichen, werden sie den tiefen ewigen und stillen Seinszustand realisieren der frei ist von der Dualität der Existenz und Nichtexistenz, und auch frei ist von der Freiheit der Dualität. In solch einer Verfassung wo sogar nicht Töten, nicht Stehlen und nicht Fleischlichkeit nicht gefunden werden kann, wie kann da so was wie töten, stehlen und Fleischlichkeit sein. Ananda, wenn das Individuum davon nicht Abstand nimmt von den drei Taten, so wird er üble Konsequenzen erleiden. Wenn eine Gruppe von Individuen sie tuen, so werden sie alle die gleichen Leiden erhalten im gleichen Platz wovon nicht gesagt werden kann das er nicht existent ist. Jedoch, dieser Platz entsteht durch Falschheit welches keine Ursache hat, und kann nirgendwo gefunden werden. Wenn du versuchst Bodhi zu realisieren, solltest du diese drei Taten beseitigen. Wenn nicht, egal wieviele supernatürlichen Kräfte du auch erreichen magst durch deine Praktizierungen, alles wird bloß für weltliches erreichen sein. Wenn deine üblen Gewohnheiten nicht beseitigt werden,, so wirst du in das Reich der Dämonen fallen, und sogar dann wenn du die Falschheit beseitigen willst, so wirst du sie nur erhöhen. Deswegen, der Tathagata sagt das du höchst bedauernswert bist denn dein Leiden ist selbstverschuldet und kommt nicht von einem Defekt des Bodhi. Diese Predigt ist richtig und jedwede andere ist die des Dämonen Mara.

Warnung an Praktizierende

Die fünfzig falschen Stadien
entstanden durch die fünf Ansammlungen

Stadien von Mara entstanden
durch die fünf Ansammlungen

Als die Versammlung fast zu Ende war, und Buddha eine Bewegung machte aufzustehen, von seinem Löwensitz, änderte er plötzlich sein Vorhaben, lehnte sich wieder zurück, und sagte zu Ananda und der Versammlung : Ihr Sravaka- Buddhas und Pratyeka- Buddhas ihr müßt mehr Studieren in eurem erreichen des höchsten Bodhi. Ich habe euch die Methode der korrekten Kultivierung gelehrt, aber ihr kennt immer noch nicht die feinen Stadien von Mara, die erscheinen wenn ihr Samatha- Vipasyana praktiziert. *(Das beruhigen der aktiven*

Mentalität, und das entwickeln der Einsicht in dieses beruhigte Mental. Das Hauptanliegen ist die Konzentration des Mentals durch spezielle Methoden um klare Einsicht in die Wahrheit zu bekommen und sich von der Illusion zu befreien .)

Wenn Mara sich manifestiert, und du es nicht schaffst das zu erkennen und wenn dein Mental nicht in der richtigen Verfassung ist, so wirst du in die üblen Wege der Dämonen fallen oder deiner fünf Ansammlungen, oder der himmlischen Maras, oder Geister und Spirits, oder dir schlechtes wollende Spirits. Wenn du nicht klar bist in Bezug zu ihnen, so wirst du Diebe mit deinem eigenen Sohn verwechseln. Weiter, es kann sein das du wenig Fortschritt für komplettes erreichen hältst, so wie der ungebildete Mönch, der als er den vierten Dhyana Himmel erreichte annahm er wäre nun ein Heiliger, und nachdem er die himmlischen Genüsse erlebt hatte, erschienen alle Anzeichen für seinen bevorstehende Fall. Als er die Arhats herabsetzte, erschaffte er sein Karma für weitere Inkarnationen und fiel dann in die Avici- Hölle. *(Die letzte und tiefste der acht Höllen, wo Sünder Leiden, Sterben, und sofort wiedergeboren werden um weiter zu Leiden ohne Unterbrechung) (Mein Gott ist das ein Bösartiges System , und Denkstruktur, der Rachen und Vergeltungen und Abschlachten , bloß weil jemand nichts von dem und dem hält und soweiter, Bertrand Russel hat ja mal ein Buch geschrieben , Warum ich kein Christ sein kann , also da entsteht so was für mich mit: Warum ich kein Buddhist sein kann , denn diese ganze Höllen - Höhlenmalerei muß sich ja jemand auch noch vorher ausgedacht haben , also einer von denen)*

Ananda, du solltest nun sehr vorsichtig zuhöre was ich dir nun zu erzählen habe im Detail.

Ananda stand dann auf, und mit allen anderen die weiterer Studieren wollten, verbeugte er sich vor den Füßen des Buddha und erwartete seine mitleidsvolle Erklärung.

Der Buddha sagte : Ihr solltet alle wissen das die klare Substanz vom tiefen und hellen ursprünglichen Bodhi von allen lebenden Wesen der zwölf Arten von Geburt im Samsara, das aller Buddhas in den zehn Direktionen ist. Es ist weil ihr nicht richtig Denkt das ihr nicht klar seit in Bezug zum Noumenon und werdet so Stupide und voller Wünsche die zu eurer kompletten Desillusionierung führen. Deswegen die Leere, und da ihr andauern den Illusionen folgt, erschafft ihr eure Welt andauernd falsch. Alle Länder unzählbar wie der Staub sind im Samsara wegen euer halsstarriges falsches Denken. Aber ihr solltet wissen das Leerheit durch euer Mental erschaffen wird, so wie eine kleine Wolke die bloß ein Teilchen ist in der großen Leerheit, wieviel mehr so ist die Welt die innerhalb dieser Leere ist? Wenn du das Reale realisierst um zur Quelle zurückzukehren, so wird die Leere in den zehn Direktionen verschwinden. Warum, dann, sind dann nicht alle Länder in dieser Leerheit am wackeln und zerbrechen? Wenn du Dhyana praktizierst um das Stadium des Samadhi zu erreichen, alle Bodhisattvas, und alle großen Heiligen, deren Essenz des Mentals schon durchdringender ist, sind unbewegt, aber die Könige der Dämonen, Geister, Spirits, und niederen Himmel sind am wakkeln denn sie sehen ihre Plätze zusammenbrechen ohne Ursache und die große Erde wird geschüttelt und zerbricht. Und alle die auf der Erde und in den Lüften sind, sind dann ängstlich, wobei weltliche Menschen die desillusioniert sind garnichts fühlen, nämlich diese Dämonen, obwohl sie fünf übernatürliche Kräfte entwickelt haben, haben es nicht geschafft transzendentale Einsicht zu erreichen in das beenden des Flusses der Transmigration, weil sie nicht ihre Verbindungen mit Samsara gebrochen haben. Wie können sie es dann zulassen das du ihre Lebensräume zerstörst? Das ist es weswegen sie zu euch kommen um euch Schwierigkeiten zu machen wenn du in das Stadium des Samadhi eintrittst.

Jedoch, trotz ihrer Wut, diese Dämonen sind da, während deines tiefen Stadiums des Bodhi, und sie sind wie Menschen die versuchen vergeblich das Sonnenlicht auszublasen und das Wasser mit einem Schwert zu zerschneiden, während du wie kochendes Wasser bist das solides Eis schmilzt. Obwohl sie an ihre übernatürlichen Kräfte glauben, sind sie bloße Äußerlichkeiten und werden nur Erfolg haben dich zu zerstören wenn du, der die fünf Ansammlungen in seinem Mental besitzt, desillusioniert bist und sie gewähren läßt. Denn diese Dämonen können dich nicht verletzen in deinem Stadium des

Dhyana wenn du erwacht bist und nicht desillusioniert. Wenn du die fünf Ansammlungen beseitigst, wirst du in das Stadium der Helligkeit eintreten, wogegen alle Dämonen bloß dunkler Dunst sind. Da Licht ja Dunkelheit zerstört, werden sie zurückweichen sobald sie in deine Nähe kommen, wie dann wagen sie es das Stadium des Samadhi zu stören ?

Jedoch, wenn du es nicht schaffst zu erwachen und durch die fünf Ansammlungen desillusioniert wirst, dann, Ananda, wirst du ein Sohn von Mara werden und den Dämonen helfen. Als eine Illustration, Matangi, die so einfach war, benutzte Zauberei, wodurch du eine der achtzigtausend Regeln des reinen Lebens brachst, aber da dein Mental rein war, wurdest du nicht ruiniert. Das zeigt den Verlust von all deinem kostbaren Bodhi. Du warst fast wie ein Kanzler eines Staates dessen Besitztümer auf einmal konfisziert werden so das er in einer gestreßten Situation ist ohne Hoffnung Hilfe zu bekommen.

Die zehn Stadien beeinflußt
durch die erste Ansammlung der Form

Ananda, wenn du sitzt und meditierst, und deine Gedanken beseitigt sind und dein Mental frei davon ist, wird es sich weder durch Stille oder Störung verändern. In dieser Verfassung, beides, erinnern und vergessen sind ein einziges ganzes. Während du dadrinn bist und bevor der Realisation von Samadhi, bist du wie ein Mann dessen Augen klar sind aber dennoch in der Dunkelheit ist, obwohl dein Mental klar ist, leuchtet es nicht. Das ist die Ansammlung der Form die deine Meditation konditioniert. Wenn dein Mental leuchtet, so wirst du klar alle zehn Direktionen des Raumes wahrnehmen. Dieses verschwinden der Dunkelheit wird das Ende von Rupa, oder Form oder Materie die mit den fünf Sinnesorganen verbunden ist genannt, und du wirst dann darüberhinaus springen und weitergehen über das trübe erschaffene Universum, der Haupt-grund für dein falsches Denken.

1. Ananda, in diesem tiefen und klaren Stadium deines einsichtigen Mentals, hören die vier Elemente auf dich zu hindern, und

nach einer kurzen Zeit, wird dein Körper frei sein von allen Behinderungen. Das ist dein klares Mental das sich zu den Objekten ausweitet und nun die Effektivität deiner Meditation zeigt, und das vorläufige erreichen, was aber nicht bedeutet das du ein Heiliger bist. Wenn du es dann auch nicht dafür hältst, ist es ein exzellentes progressives Stadium, aber falls du das tust, so wirst du den Dämonen nachgeben.

2. Ananda, in diesem tiefen und klaren Stadium deines einsichtigen Mentals, wirst du fähig sein alles klar in deinem Körper zu sehen, und wirst plötzlich lebhafte Bandwürmer sehen. *(Schon wieder Bandwürmer das muß wohl das Königreich des Parasitentums damals gewesen sein, aber das ist heute auch nicht besser mit all den minderwertigen Nahrungsmittel die gegessen werden)* Das ist dein klares Mental das sich in deinem Körper ausbreitet und seine effektive Funktion zeigt, das vorläufige Ergebnis, was aber nicht bedeutet das du ein Heiliger bist. Wenn du dich auch nicht als solchen hältst, ist das ein exzellentes progressives Stadium, aber falls du dich doch dafür hältst, wirst du den Dämonen nachgeben.

3. Weiter, in dieser mentalen Verfassung, die nun das innere als auch das äußere durchdringt, dein Geist und seine Fakultäten, aber nicht dein Körper, sie werden sich vermischen als Gastgeber, Prinzipien, und Gast, Werkzeuge, und aufeinmal wirst du eine Stimme hören in der Luft die das Dharma predigt, oder seine geheime Bedeutung ausruft in alle zehn Direktionen. Das ist dein Geist und Fakultäten die sich vereint haben, oder auseinander gehen, um den exzellenten Samen zu säen, die vorläufige Realisation, was aber nicht bedeutet das du ein Heiliger bist. Wenn du dich nicht dafür hältst, ist das ein exzellentes progressives Stadium, aber falls du das doch tust wirst du den Dämonen nachgeben.

4. Weiter, in diesem klaren, zum Vorschein bringenden, Licht und durchdringender Verfassung des Mentals, leuchtet dein inneres Licht und vergoldet alles in den zehn Direktionen, wodurch alle lebenden Wesen transformiert werden zu Buddhas. Plötzlich

wirst du Vairocana *(Der Sonnengleiche)* der auf einem leuchtenden Thron sitzt sehen, umgeben von tausenden von Buddhas, mit riesigen mengen von Ländern voller Lotusblumen, und alles erscheint aufeinmal. Das ist der Effekt des erwacht werdens durch die Spiritualität deines Mentals, dessen Licht nun alle Welten durchdringt. Dieses vorläufige erreichte bedeutet nicht das du ein Heiliger bist. Wenn du dich dann auch nicht dafür hältst ist das ein exzellentes progressives Stadium, aber falls du doch, wirst du den Dämonen nachgeben.

5. Weiter, wenn dein durchdringendes Mental, in seinem tiefen und klaren Stadium, kontinuierlich ohne Pause nach innen schaut, und so das Denken überblickt und komplett stoppt, so wirst du dann plötzlich Raum in den zehn Direktionen sehen der sich in die Farben von wertvollen Edelsteinen verwandelt, die den ganzen Raum ausfüllen ohne sich gegenseitig zu behindern. Alle Farben so wie Blau, Gelb, Rot, erscheinen in völliger Reinheit. Das ist die unter Druck stehende Effizienz, das vorläufige erreichte, was aber nicht bedeutet das du ein Heiliger bist. Und wenn du dich nicht dafür hältst ist das ein exzellentes progressives Stadium, aber falls du doch, so wirst du den Dämonen nachgeben.

(Dämonen, sind jene die bloß das Äußerliche als Wahrheit ansehen)

6. In dieser klaren und durchdringenden Verfassung deines Mentals, wenn du nach innen schaust, erscheint sein Licht in all seiner Reinheit und um Mitternacht wirst du plötzlich in deinem dunklen Zimmer alle Arten von Erscheinungen sehen so klar wie am Tage mit allen seinen anderen Objekten die im Tageslicht auch gesehen werden können. Das ist das Mental in seiner Feinheit, das seine klare Wahrnehmung verbessert, welches dir die Möglichkeit gibt direkt im dunkeln zu sehen. Dieses vorläufige erreichte bedeutet nicht das du ein Heiliger bist. Und wenn du dich nicht dafür hältst ist das ein exzellentes progressives Stadium, aber falls doch, so wirst du den Dämonen nachgeben.

7. Wenn dann das Mental sich mit der Leere verbindet, werden plötzlich deine Gebeine und Arme wie Gras und Pflanzen werden,

und sie werden nichts fühlen, auch nicht wenn sie verbrannt werden und mit einem Messer geschnitten. Diese Immunität gegen Verletzungen ist ein Resultat der Amalgamation-Verschmelzung von externem und mit der Elimination von den vier Elementen, als es mit der Leere sich verbindet. Dieses vorläufige erreichte bedeutet nicht das du ein Heiliger bist, und wenn du dich nicht dafür hältst, ist es ein exzellentes progressives Stadium, aber falls doch, wirst du den Dämonen nachgeben.

8. Wenn dein Mental nun rein und klar wird, seine höchste Reinheit macht dann, das du plötzlich die große Erde siehst, Berge und Flüsse in allen zehn Direktionen, und sie verändern sich in Buddhas reines Land, ausgestattet mit all den wertvollen Edelsteinen deren Leuchtkraft alles durchdringend ist. Du wirst dann wieder ganz klar Buddhas sehen so zahllos wie es Sand am Ganges gibt mit wunderschönen Tempelgebäuden die den ganzen Raum ausfüllen, und darunter die Höllen und die Devaplätze darüber. Das ist die Transformation von tiefverwurzelten Gedanken von mögen und nichtmögen, aber das bedeutet nicht das du ein Heiliger bist. Und wenn du dich nicht dafür hältst, ist es eine exzellentes progressives Stadium, aber falls doch, so wirst du den Dämonen nachgeben.

9. Wenn nun dein Mental tiefer dringt, so wirst du plötzlich Mitternachts weit entfernte Marktplätze sehen, Straßen und Alleen, und auch Mitglieder deiner Familie, deiner Verwandten und Klanmitglieder oder du hörst sie sprechen. Das ist das Resultat deines angestrengten Mentals welches expandiert so das du Dinge sehen kannst die weit entfernt sind. Das bedeutet aber nicht das du ein Heiliger bist, und wenn du dich nicht dafür hältst, so ist das eine exzellentes progressives Stadium, aber falls doch so wirst du den Dämonen nachgeben.

10. Als ein Resultat deines weiter durchdringenden Mentals, wirst du Menschen sehen die gute Berater sind und deren Körper sich verändern ohne Grund in alle Arten von Wegen. Das ist dein perverses Mental das von üblen Geistern beeinflußt wird oder himmlischen Dämonen und welche ohne Grund, das Dharma

predigen und seine tiefe Bedeutung verstehen. Das bedeutet nicht das du ein Heiliger bist. Und wenn du dich nicht dafür hältst, so ist das eine exzellentes progressives Stadium, falls aber doch, so wirst du den Dämonen nachgeben. *(Interessant wie hier also Menschen zu Dämonen gemacht werden weil sie noch unfähig sind über die sinnliche Ebene hinauszuschauen, denn Dämonisch ist für mich mit Übel gleichgesetzt. Es ist also nur ein einziger Seinszustand als Nichtübel bei denen akzeptiert, der Buddhazustand. Und dann ja auch als Buddha im Menschlichen Körper. Wenn ich dieser Logik folgen würde, dann wäre für die Buddhisten also bloß die Gleichheit akzeptabel, das wäre dann ja eine Einheitsbrühe ohne jegliches Anderssein, da ja das Individuum zum Ego gehört und das wird ja wiederum verdammt, Buddha redet ja in einigen Schriften seiner Mönche, von der zweifachen Ichlosigkeit. Ich denke nicht das Göttliche All mächtige ist so armselig bloß Buddhas zu wollen, zumal wir ja schon das Göttliche sind, weswegen dann noch ein Buddha werden, Ergo: Auch hier ist wiedermal der Kampf unter den Menschen die sich gegen andere politische gesellschaftliche Denkformen wehren, und dazu gehörte nunmal auch Sidharta Gautama der später Buddha genannt wurde. Und nochmal, ich habe nicht das Problem das Sidharta Gautama hatte in Bezug zum älterwerden und Sterben. Und da er ja dann diese Buddhaheit erreicht hatte, bleibt ja nun nichts anderes übrig das entweder mitzuteilen oder nicht, was er ja machte, aber heute wieviele Taumeln da nun hinterher, im Glaube das erreichen zu müssen, obwohl das garnicht deren Problem sein könnte, oder ist, denn was ja gut lesbar ist, diese ganze Geschichte hier ist eine ununterbrochene Problematik die bewältigt werden muß unter Anstrengungen der mentalen Arbeit und mehr. Aber wenn du schon das Göttliche bist, denn du bist ja unsterblich, warum dann all dieses Schuften, womöglich um Evolution zu machen.? Was auch sehr absurd ist, da es immense Mengen an Buddhas gibt in den Buddhaländern, und nun die Buddhisten danach streben ein Buddha zu werden, obwohl sie das göttliche sind, und was ist besser Göttlich zu sein, oder erst ein Buddha zu werden, da es also immense Mengen an Buddhas gibt, aber bloß in den Buddhaländern, anderer höhere Welten, aber alle versuchen nun ein Buddha zu werden aber, aber, es alle paar tausend Jahre bloß einen einzigen Buddha gibt, was soll das, oder ist die Erde so übel das sie bloß einen Buddha bekommt, und dieser einzige Buddha in 2500 Jahren soll dann alle lebenden Wesen retten, das liest sich für mich ziemlich Wirrnishaftieg. Und ist das fixieren auf diesen einen Buddha dann nicht auch sehr egozentrisch, und alle lebenden Wesen retten, das hat ja diese Menge an unzähligen Buddhas immer noch nicht geschafft, oder ist das selbst bloß ein Wirrnispiel, denn in andere Schriften sagte Buddha mal, es gibt keine lebenden Wesen zu retten und es gibt auch kein Nirwana,, das war als er dann auf Begriffe einging. Naja, das ist eben der Salat der gut zubereitet werden muß damit er auch schmackhaft ist)*

Ananda, die zehn Stadien des Dhyana (*Meditationsstadien*) kommen von der Vermischung der Ansammlung von Form mit dem meditativen Mental. Desillusionierte und einfache Praktizierende die nicht ihre eigenen Fähigkeiten kennen, können nicht unterscheiden zwischen diesen Stadien wenn sie sich manifestieren, und erklären so fälschlich sie seien Heilige. Aber indem sie das tuen brechen sie das Verbot gegen das Lügen und fallen so in die endlose Hölle. *(Hier kann ich wider sehen was das für ein Schwachsinn ist, wenn jemand also nicht unterscheiden kann , also in dem Bereich unwissend ist, und von sich also viel hält, sich gut fühlt und sagt ja ich bin ein Heiliger, was ja bedeutet das er Heil ist, ganz, was ja jedes Wesen in der gesamten Existenz ist, dafür soll er dann in die endlose Hölle kommen , das hier ist genauso ein Schwachsinn wie der Christliche Schwachsinn , und damit sind alle Religionen die zur Zeit auf der Erde sind , schwachsinnige Managerstrukturen die bloß Macht über die Massen wollen und mit Angst arbeiten , und das freie selbstständige kreative Denken und Tun unterbinden wollen weil sie allesamt noch Raubsäugetiere geblieben sind oder Denken das zu sein , oder was auch immer, dabei sind sie schon das Göttliche. Und deswegen ist ja auch das Denken so Powervoll so gefährlich wenn es unbewußt ist. Aber heutzutage ist jedes Wesen im direkten Kontakt zum Göttlichen durch seine Intuition und das dadurch entstehende freiheitliche Tun und Leben , da die Menschen ja immer wacher werden und intelligenter und die Dogmas und Hundemuttern durchschauen als Betrug und Disziplinierung , wogegen ja nichts einzuwenden ist, denn beides Betrug und Disziplinierung sind ja sozusagen das unangenehme Gute.)*

Ananda, nach meinem Nirwana, im Dharma endenden Zeitalter, solltest du diese Lehre proklamieren, so das die himmlischen Dämonen keinen Einfluß auf diese erweiterten Seinszustände haben können, und die praktizierenden können wachsam sein und das höchste Tao realisieren. (*Da in dieser Chinesischen Schrift Tao erwähnt wird kann der Buddha das also niemals gesagt haben* .)

Die zehn Stadien beeinflußt
durch die zweite Ansammlung
die Empfänglichkeit

Ananda, in der Praktizierung die Leidenschaften zu besiegen um Samadhi zu erlangen, und wenn die erste Ansammlung der Form aufhört einen zu hindern, dann wird man die Mentale aller Buddhas sehen, wie eine Reflektion in einem hellen Spiegel. Man fühlt sich als ob man etwas gewinnt, aber man kann noch keinen Gebrauch davon machen. Es ist wie ein Schlafender der von einem Alptraum beunruhigt wird, der sich nicht bewegen kann um sich davon zu befreien, obwohl Arme frei sind und sein Bewußtsein klar. Das ist das zweite Aggregat die Empfänglichkeit, die deine Meditation konditioniert. Wenn der Alptraum verschwindet, kann dein Mental deinen Körper verlassen, und in dein Gesicht schauen und wird frei sein zu bleiben oder zu gehen ohne weitere Behinderungen. Das ist das zweite Aggregat der Empfänglichkeit mit Dingen und Unternehmungen das zu einem Ende kommt, und der Praktizierende wird dann fähig sein über alle Äonen der wildesten Ansichten zu springen und sie hinter sich zu lassen, der Hauptgrund für die angenommene Scharfsicht seines falschen Denkens.

1. Ananda, wenn der Praktizierende dieses Stadium erreicht, wird er sich in einer großen Masse von Helligkeit befinden. Sein Mental wird unterscheiden und mit mehr Druck, wird es endlose Traurigkeit entstehen lassen. Er wird dann sogar Fliegen und Mücken als seine eigenen Kinder ansehen mit denen er Mitgefühl hat, indem er unbewußt in Tränen ausbricht. Das passiert wegen der intensiven Meditation und Kontemplation, und ist harmlos, wenn er seine Ursachen kennt. Es ist nicht das Heilige Stadium und wenn er das versteht, wird es mit der Zeit verschwinden.

Jedoch, wenn er das als Heiligsein annimmt, so wird er den Dämonen der Trauer nachgeben, die sein Mental kontrollieren werden, und er wird dann miserabel sein und anfangen zu lamentieren wenn er andere trifft. Er wird die Vorteile verlieren durch die Meditation die er bis jetzt erreicht hat, und in einen niederen Seinszustand fallen.

2. Ananda, in diesem Stadium der Meditation, wo das Aggregat der Form verschwindet und Empfänglichkeit sich manifestiert, macht er mehr Fortschritt und könnte, wegen der überanstrengenden Entwicklung der endlosen Mutigkeit die seinen Entschluß schärft und ihn gleich macht zu all den Buddhas, so das er über die drei großen Äonen springen kann im Moment eines Gedankens. *(Die drei großen Äonen sind , das Dharma hören , das Dharma zu praktizieren und drittens es zu realisieren)* Das kommt durch überanstrengte Konzentration, welches harmlos ist wenn er weiß weswegen. Es ist nicht Heiligsein und wenn das gut verstanden wird, wird es verschwinden. Aber wenn er das als Heilig annimmt so wird der Dämon der Wildheit sein Mental kontrollieren und er wird anfangen zu prahlen von all dem was er erreicht hat wenn er andere trifft. Er wird stolz und sehr selbstwichtieg werden welches ihn blind macht für alle Buddhas in der höchsten Höhe und auch für lebende Wesen hier unten. So wird er dann die Vorteile der Meditation verlieren und in einen niederen Seinszustand fallen.

3. In diesem Stadium der Meditation, wenn Form verschwindet und Empfänglichkeit sich manifestiert, wenn der Praktizierende keinen weiteren Fortschritt macht sondern die Sicht von seinem zuvorigen Zustand verliert wenn er zurückschaut, dann wird die Kraft seines Mentals schwächer werden. Da er nichts vor sich sieht, gibt das Mental nach und wird trocken wodurch er in endloses tiefes Reflektieren verfällt, welches er fälschlicherweise als progressiv annehmen könnte. Das ist die Abwesenheit des Mentals das zu wenig Weisheit hat und es ist harmlos wenn er das weiß. Das ist kein Heilig sein, aber falls er das annimmt, so wird er dem Dämonen der Nichtvergessenheit nachgeben, der sein

Mental kontrollieren wird, und es in einen begrenzten Seinszustand fixiert, wodurch er seinen Vorteil der Meditation verliert und in einen niederen Seinszustand fällt.

4. In diesem Stadium wo Form verschwindet und Empfänglichkeit sich manifestiert, kann die Weisheit des Praktizierenden sich überproportional entwickeln, und weit über seine Meditation gehen, und er könnte fälschlicherweise Denken das er das höchste Stadium erreicht hätte und den Rang des Vairocana. So er ist zufrieden mit dem bißchen Erfolg und meint es wäre komplett. Das ist das Mental das seine normale Einsicht verliert und verführt wird durch sein diskriminierendes Sehen und Wissen. Wenn er das versteht, so wird es harmlos sein, aber falls nicht und er meint das wäre Heilig sein, so wird er dem Dämonen der Inferioren Selbstzufriedenheit nachgeben der sein Mental kontrollieren wird, wodurch er anfangen wird prahlerisch davon zu reden er hätte den höchsten Nirwana erreicht. So wird er alle Vorteile der Meditation verlieren und in einen niederen Seinszustand fallen.

5. In diesem Stadium der Meditation, wo Form verschwindet und Empfänglichkeit sich manifestiert, bevor weiterer Fortschritt gemacht wird und nachdem seine vorherige Erfahrung verschwunden ist, könnte er sich in einer Situation wiederfinden die sehr miserabel und voller Gefahren ist, und ihn in endlose Ängste und Sorgen fallen läßt und Perplexität. Er scheint auf einem heißen eisernen Bett zu sitzen oder giftige Medizin zu trinken. Als das Resultat wird er lebensmüde und will es beenden um sich von seinen inneren Schwierigkeiten zu befreien. Das ist Praktizierung ohne die nötige angemessenen Methode und ist harmlos wenn er den Grund kennt. Es ist nicht Heilig sein aber falls er es dafür hält wird er dem Dämonen der Angst verfallen der sein Mental kontrollieren wird, und der Grund dafür ist das er sein eigens Fleisch mit einem scharfen Messer schneiden wird so das er sich töten kann oder das er in die Berge flüchtet um anderen Menschen aus dem Weg zu gehen. So wird er alle Vorteile der Meditation verlieren und in einen niederen Seinszustand fallen.

6. In diesen zustand der Meditation, wo Form verschwindet und Empfänglichkeit sich manifestiert, könnte der Praktizierende, nachdem er sich sehr komfortabel in der Kondition der Reinheit und Sauberkeit gefühlt hat, plötzlich endlose Glücklichkeit erfahren die so intensiv wird das er das nicht mehr aushalten kann. Das ist Glücklichkeit in Gewichtslosigkeit welche unkontrollierbar ist wegen mangelnder Weisheit und harmlos ist wenn er den Grund dafür kennt. Das ist kein Heiliges Stadium aber falls er das dafür hält so wird er dem Dämonen der Freude nachgeben der sein Mental kontrollieren wird und er wird Lachen ohne Grund wenn er andere sieht und in den Straßen tanzen, und von seinem erlangen der unbehinderten Realisierung protzen. So wird er alle Vorteile seiner Meditation verlieren und in einen niederen Seinszustand fallen.

7. In diesem Stadium der Meditation, wenn Form verschwindet und Empfänglichkeit sich manifestiert, könnte der Praktizierende denken das er volle Erkenntnis erlangt hat. Die Illusion macht das er plötzlich ohne Grund eingebildet wird so das er sich, obwohl minderwertig, sich als gleichwertig zu anderen, oder obwohl gleichwertig, als höherwertig zu anderen und zu höherwertigen, als ob er ein Heiliger wäre wenn er das garnicht ist, und als nicht minderwertig zu minderwertigen, alle diese Gefühle erscheinen zusammen. Sogar alle die Buddhas sind nichts im Vergleich zu ihm, und sogar noch überheblicher zu den weniger entwickelten Sravakas und Pratyeka- Buddhas. Das ist ein außergewöhnliches Stadium von dem er sich nicht befreien kann wegen Mangel an Weisheit. Es wird harmlos sein wenn er weiß das es nicht das heilige Stadium ist, aber falls er das als Heilig betrachtet, so wird er dem Dämonen der Eingebildetheit verfallen, der sein Mental kontrollieren wird, und er wird aufhören die Tempel und Stupas zu verehren und die Sutras und Statuen der Buddhas zerstören. Er wird seinen Beschützern erklären : Statuen sind bloß Gold, Bronze, Ton, und Holz und Sutras sind bloß Palmblätter und Kleidung. Anstatt den Körper zu verehren aus Fleisch und Blut, der wirklich permanent ist, ist es totaler Schwachsinn

Holz und Ton zu verehren. Jene die ihm glauben, werden die Statuen und Sutras zerstören und zu Boden stürzen, sie sind durch ihn verführt und werden so in der endlosen Hölle enden. Und er wird all seine Vorteile der Meditation verlieren und in einen niederen Seinszustand fallen.

8. In diesem Stadium des Dhyana, wenn Form verschwindet und Empfänglichkeit sich manifestiert, könnte der Praktizierende den Zustand von hellem reinen Licht erreichen und zum tiefen Noumenon erwachen zu welchem er übereinstimmt, und dabei plötzlich endlose Gewichtslosigkeit erfahren. Er wird denken das er nun ein Heiliger ist was ihm komfortable Unabhängigkeit gäbe. Das ist gewichtslose Reinheit die harmlos ist wenn er weiß das er dabei kein Heiliger ist, aber falls er sich als Heiliger sieht, wird er dem Dämonen der gewichtslosen Reinheit nachgeben der sein Mental kontrollieren wird, und er sich damit zufrieden gibt mit dem erreichten und aufhört weiter zu versuchen Fortschritt zu machen. Er ist wie der ungebildete Mönch der andere verführte und dann selber in die Avici Hölle fiel. So wird er alle Vorteile der Meditation verlieren und in einen niederen Seinszustand fallen.

9. In diesem Stadium des Dhyana, wenn Form verschwindet und Empfänglichkeit sich manifestiert, könnte der Praktizierende das erscheinende helle Licht fälschlicherweise als Leer von jeglicher Natur einschätzen, und dabei entsteht die Idee der Vernichtung, welches impliziert das Gesetz von Kausalität- Ursache- Wirkung wäre nicht gültig. Diese Relative Leere ist dann die Ursache dafür das er ein Leeres Mental entwickelt welches Vernichtung impliziert. Das ist harmlos wenn er weiß das es nicht Heiligsein ist, aber falls er das dafür hält, so wird er dem Dämonen der Leerheit verfallen der sein Mental kontrollieren wird, und er wird dann anfangen jene zu kritisieren die die Regeln des reinen Lebens einhalten, und das sie bloß Männer des Hinayana *(Des kleinen Fahrzeugs, jene die kein Gelöbnis abgelegt haben nach der Erleuchtung alle lebenden Wesen zu Retten. - Hier kann auch gesehen werden was da für Machtkämpfe zwischen den Sekten ablaufen, denn vergeßt nicht, kein einziger Buddha hat jemals,*

irgend eines dieser Worte geschrieben, das sind alles zusammengestellte Programme und Ideen und Reststücke und Flickschustereien, dieser Sekten, und davon haben wir ja weltweit mehr als genug, . Bloß nochmal zur Erinnerung, als Sidharta Gautama Buddha verstarb, am gleichen Tag formten sich 36 unterschiedliche Sekten, und jede Sekte hatte Buddha anders verstanden, klaro. Deswegen, auch das buddhistische ist ein Netz von Spinngeweben um sich darin zu verfangen und kleben zu bleiben, und und und, aber das ist nicht die Wahrheit,) und er wird vorgeben das alle Bodhisattvas die zur Leere erwachen, mit allen Verboten aufhören können. Solch eine Person normalerweise ißt Fleisch und trinkt Wein in der Gegenwart seines glaubenden Beschützers und er führt ein übles Leben. Wegen des Einfluß des Dämonen, kontrolliert er sie fest und sie verdächtigen ihn nicht. Als die Zeit vergeht, werden sie alle Exkremente, Urin, Fleisch und Wein als Leer betrachte und gut als Nahrung. Sie werden die Regeln der Moralität brechen und deren Disziplin und werden alle Arten von Sünden begehen. Der Praktizierende wird so alle Vorteile verlieren durch seine Meditation und wird in einen niederen Seinszustand fallen.

10. In diesem Stadium des Dhyana, wenn Form verschwindet und Empfänglichkeit sich manifestiert, könnte der Praktizierende sich an der leeren Helligkeit festhalten welches dann sein Mental durchdringt und sogar seine Knochen. Plötzlich wird er starke Liebe empfinden die ihm verrückt macht und ein intensives Verlangen entwickelt. Das ist eine Kondition von stillem Komfort die er nicht, wegen zu wenig Weisheit, kontrollieren kann, und die ihn verführt in verschieden Sorten von Wünsche. Das ist harmlos wenn er weiß das es kein Heiligsein ist, aber falls er das dafür hält, so wird er dem Dämonen der Wünsche verfallen der sein Mental kontrollieren wird, und ihn dazu verursacht zu proklamieren das Wünsche der Bodhi Pfad sei und er wird dem Nichtwissenden die Universalen Wünsche lehren, sagend das sexuelle Aktivitäten sie zu Söhnen des Dharma machen. Diese Dämonische Beeinflussung wird hauptsächlich vorherrschen im Dharma endenden Zeitalter, und wird stupide Menschen beeinflussen in unbeschreiblich großer Zahl. Wenn der Dämon müde geworden ist von den Prak-

tizierenden sündhaften Tätigkeiten, wird er den geschundenen Körper verlassen, der dann ein Häufchen Elend wird und alle miserablen Leiden erfahren wird die er dem königlichen Gesetz zugefügt hat. Weile er andere getäuscht hat wird er in die endlose Hölle fallen. Und so wird er alle Vorteile verlieren die er durch die Meditation aufgebaut hatte und in einen niederen Seinszustand fallen.

Ananda, diese zehn Stadien des Dhyana kommen von der Vermischung des zweiten Aggregat der Empfänglichkeit mit dem meditativen Mental. Desillusionierte und einfach Praktizierende die nicht ihre eigene Kapazität kennen, können nicht unterscheiden zwischen diesen unterschiedlichen Stadien wenn sie sich manifestieren und erklären dann fälschlicherweise das sie einen Heiligen Rang erreicht haben. Doch wenn sie das tuen, brechen sie die Regeln gegen das Lügen und fallen so in die endlose Hölle. Nach meinem Nirwana im dharmaendenden Zeitalter, solltest du diese Lehre proklamieren so das alle lebenden Wesen erwachen können, und der himmlische Dämon sie in diesen Stadien nicht ausnutzen kann, und das Praktizierende Wachsein sein können und das Höchste Tao realisieren.

Die zehn Stadien
beeinflußt durch das dritte Aggregat
das Auffassungsvermögen

Ananda, in der Kultivierung des Samadhi, wenn das zweite Aggregat der Empfänglichkeit aufhört den praktizierenden zu hindern, obwohl er noch im weltlichen Strom ist, kann nun sein Mental von seinem Körper herausgehen, wie ein Vogel aus seinem Käfig. Von seinem weltlichen Stadium kann er nun die sechzig heiligen Stadien der Bodhisattva Entwicklung erreichen bis zur Buddhaheit, und dabei jede Form je nach Wille erreichen, um sich frei zu bewegen ohne jedwede Behinderung. Das ist wie ein Mann der im Schlaf spricht, und obwohl er nicht weiß was er sagt sind seine Worte wohl geordnet, und jene die nicht schlafen können ihn verstehen. Das ist das dritte

Aggregat das Auffassungsvermögen das seine Meditation konditioniert. Wenn alle seine aufgewühlten Gedanken aufhören, so wird er frei sein vom Denkprozess und sein klares Mental wird frei sein von Staub, und wird dann Licht auf seine gegenwärtige Inkarnation werfen von Geburt zum Tode. Dann wird das dritte Aggregat der Auffassung aufhören zu wirken und der Praktizierende wird fähig sein über seine aufgewühlten Leidenschaften hinaus zu kommen, der Hauptgrund für seine angenommene Scharfsicht seines falschen Denkens.

1. Ananda, nun da der Praktizierende frei ist von Angst, nachdem seine Empfänglichkeit vorbei ist, findet er sich in dem reinen Stadium des Dhyana- Meditation, und ihm gefällt die reine Helligkeit. Aber er könnte versuchen sich auf einen Gedanken zu konzentrieren, nämlich, des fähigen Fortschritts, und so unterwirft er sich dem himmlischen Dämonen, der sofort von einer anderen Person Besitz nimmt, um den Meditierenden dann zu schaden, da das Mental des Praktizierenden nun frei ist von Empfänglichkeit, ist der Dämon nun nicht mehr fähig den Meditierenden zu beeinflussen, und so benutz er einen anderen Menschen um den Meditierenden zu täuschen und ihn zu schädigen. Dieser Mann, sich nicht bewußt das er besessen ist, predigt nun das Dharma der Sutras und denkt nun selber das er das höchste Nirwana erreicht hat. Er wird dann zu dem Praktizierenden kommen, setzt sich auf den höchsten Platz, der nur für besondere Mönche reserviert ist, um das Dharma zu lehren. Um seine Fähigkeit zu zeigen, wird er entweder als Mönch, Indra, eine Frau oder als Nonne erscheinen, und sein Körper wird strahlen des Lichts aussenden die das dunkle Schlafzimmer erleuchten. *(Ja da steht tatsächlich, im Text, Schlafzimmer, das ist ein Tohu Wabohu , hier bei den Buddhisten , genauso wie bei den Christen oder Islamisten und anderen Religionen , apropopo, Religionen , Religio soll ja bedeuten , aber bloß weil sich das jemand zuvor ausgedacht hat als Bedeutung , zu verbinden, du wirst mit dem Göttlichen wieder verbunden, natürlich von denen die dich verbinden wollen , um dich dann an der Angelschnur zu haben , aber, das ist nun ganz wichtig, es kann rein Logisch, und auch Unlogisch, selbst in der höchsten Wirrnis niemals eine Nichtverbindung mit dem allmächtigen Göttlichen gegeben*

haben , denn wenn auch nur eine Nanomillisekunde keine Verbindung sein würde, wäre aber auch garnichts Lebensfähig . So die Behauptung der Religionen und auch deren Befürworter das sie dich mit Gott wieder verbinden ist Betrug, oder Illusion, oder Angeln.) Der Praktizierende nimmt fälschlicherweise an das sei ein Bodhisattva und wird dann glauben was er sagt. Als ein Resultat, wird sein Mental unsicher, und er wird die Gebote brechen und wieder Wünsche haben. Der Mann wird von diesem und jenem sprechen, von einem Buddha der an einem besonderen Platz erscheinen wird, und das Feuer angefacht wird im Zeitalter der Zerstörung, und von zukünftigen Kämpfen und Kriegen, um anderen Angst zu machen und sie zu ruinieren. Das ist der seltsame Geist der ein Dämon wurde in seinem Alter und der nun kommt um Praktizierende ärger zu machen. Wenn ihm seine Missetaten langweilen wird er den besessenen Mann verlassen. Dann werden beide, der Besessene und der Praktizierenden Leiden erfahren wegen all der Schandtaten die sie gegen das königliche Gesetz verübt haben. Du solltest zuerst klar darüber sein das diese Verführungen passieren können damit du sicher bist nicht in das Samsara zurückzukehren, aber wenn du desillusioniert bist und das nicht erkennst, so wirst du in die endlose Hölle fallen.

2. Ananda, nun das der Praktizierende frei ist von falschen Ängsten, nachdem seine Empfänglichkeit verschwunden ist, findet er sich im Stadium der perfekten Meditation. Aber er könnte versuchen herumzureisen und konzentriert sich nun auf einen Gedanken um weitere Erfahrungen zu machen, und in dem Moment unterwirft er sich dem himmlischen Dämonen, der sofort wieder einen anderen Mann in Besitz nimmt um den Praktizierenden zu schaden. Dieser Mann unbewußt das er besessen ist wird dann wieder das Dharma predigen und selber denken das er den höchsten Nirwana erreicht hat. Er wird dann zum Praktizierenden kommen den höchsten Platz einnehmen um ihm das Dharma zu lehren. Ohne seine eigene Erfahrung zu verändern, wird er dem Praktizierenden und denen die gegenwärtig sind, deren goldenen leuchtenden Körper zeigen die auf wertvollen

Lotusblumen sitzen. Der Praktizierende wird so getäuscht sein und fälschlicherweise denken das sei ein Bodhisattva und ihm dann glauben was der Prediger sagt. Als ein Resultat wird er in luxuriösem Entspanntsein schwelgen, dem Buddha seine Regeln brechen und ausschweifend werden. Dieser Mann wird dann davon sprechen das Buddhas in der Welt erscheinen werden, von einer besonderen Person an einem bestimmten Platz, der ein Buddha sein soll in seinem Transformationskörper, und von jemand anderem der ein Bodhisattva sein soll der kommt um Menschen zu konvertieren. Der Praktizierende ist fasziniert und bewundert was er sieht, und deswegen entstehen bei ihm falsche Ansichten die seine Samen der Weisheit zerstören. Das ist der Trockenen Geist der nun ein Dämon wurde in seinem Alter um Praktizierende zu stören. Wenn er gelangweilt ist mit seinen Missetaten wird er den Besessenen verlassen. Dann werden beide der Besessenen und der Praktizierenden Leiden weil sie das königliche Gesetz beschmutzt haben. Du solltest zuerst klar darüber sein in Bezug zu dieser Verführung um sicher zu machen das du nicht in das Samsara zurückkehrst. Aber falls du desillusioniert bist und das nicht erkennst, wirst du in die endlose Hölle fallen.
3. Nun das der Praktizierende frei ist von falschen Ängsten, nachdem seine Empfänglichkeit verschwunden ist, findet er sich im Stadium der perfekten Meditation. Aber er könnte verführt sein durch seine Freude, der Konzentration auf einen Gedanken, sich mit ihm zu vereinen, und so gibt er dem himmlischen Dämonen nach, der sofort einen anderen Mann in Besitz nimmt um den Praktizierenden zu schaden. Dieser Mann ist unbewußt das er besessen ist, wird, wie ihm vorgeschrieben wurde, das Dharma predigen und selber denken das er das höchste Nirwana erreicht hat. Dann wird er zu dem Praktizierenden kommen den höchsten Platz einnehmen, um das Dharma zu lehren. Ohne seine eigene oder die des Zuhörers zu verändern, wird er dafür sorgen das der Praktizierende sein Mental öffnet, welches dann wiederum herumspringt so das er alle seine vorherigen Leben kennt, *(Aber das konnte er doch schon in dem vorherigen Zustand wie einige*

Seiten vorher beschrieben , so was soll dieser Quatsch hier) und die Mentale von anderen lesen kann, die Höllen sehen kann, alle üblen und guten weltlichen Taten versteht, die Gedichte des Mahayana die Gathas liest und die Sutras rezitiert.

Und so fasziniert er den Praktizierenden mit solchen seltenen Dingen. Der Praktizierenden wird so getäuscht sein und Denken das sei ein echter Bodhisattva und er wird enthusiastisch sein über alles was der Mann sagt, und dabei die Regeln des Buddha brechen und ausschweifend werden. Dieser Mann wird die Buddhas und Bodhisattvas in große und kleine klassifizieren, in reale und falsche, und weibliche und männliche. Der Praktizierende glaubt ihm so das sein Mental gestört wird und er ein Häretiker wird. Das ist der Biest Geist der nun ein Dämon in seinem Alter geworden ist und kommt den Praktizierenden Schwierigkeiten zu machen. *(Was ist hier los, werden die Geister die einige Seiten zuvor beschrieben wurden plötzlich Alt und damit Dämonen , oder ist derjenige der das hier aufgezeichnet hat selber von seiner Wirrnisbeule besessen , nämlich dem Wahn und Fanatismus der sich in dieser Lieblosigkeit des Recht haben Wahns widerspiegelt, hinter dem sich ganz klar die Intoleranz zeigt, mit sooo vielen Höllen und endlosen Höllen und ja bloß so Denken und sein wie diese Intoleranten rechthaberischen Buddhisten die in Wahrheit ganz was anderes sind.)* Wenn ihn seine Missetaten langweilen wird er den Besessenen verlassen. Dann werden beide der Besessene und der Praktizierenden Leiden weil sie das königliche Gesetz verletzt haben. Du solltest zuerst klar darüber sein in Bezug zu dieser Verführung um nicht in das Samsara zurückzukehren, aber falls du desillusioniert bist und das nicht erkennst, wirst du in die endlose Hölle fallen.

4. Nun das der Praktizierende frei ist von falschen Ängsten nachdem seine Empfänglichkeit verschwunden ist, findet er sich im Stadium der perfekten Meditation. Aber er könnte verführt werden durch seine Freude, zu den Wurzeln aller Dinge zu kommen um den Anfang und das Ende der Transformation zu erkennen, und dabei wünscht er alles zu Analysieren, um so all seine Zweifel zu lösen für seine totale Zufriedenheit. Als ein Resultat

davon wird der himmlische Dämon sofort einen Mann besetzen, um den Meditierenden zu schädigen. Dieser Mann unbewußt das er besessen ist, tut wie ihm vorgeschrieben wird, und predigt das Dharma, selber denkend das er das höchste Nirwana erreicht hat. Dann wird er zu dem Praktizierenden kommen sich auf den höchsten Sitz setzen um das Dharma zu predigen, und seine bemerkenswerte Autorität zeigen wozu der meditierenden willentlich sich unterordnet sogar bevor er überhaupt die Worte gehört hat. Er wird erklären das den Buddhas ihren Nirwanischen und Buddhistischen Dharmakayas *(Der Essenzkörper der Essenznatur von Buddhas die nur von Buddhas gesehen werden können)* sein eigener Körper aus Fleisch und Blut sei. Der die heilige Essenz innehat, so wie ein Sohn zu seinem Vater, und das sei der permanente spirituelle Körper der für immer weitergegeben wird, und das was sein Zuhörer um sich herum sieht das sei schon das Buddhaland, und das es keine andere reine Region gibt weder noch einen anderen goldenen Körper. Der Praktizierende wird ihm glauben, verliert sein vorheriges stilles Mental und unterwirft sich dem Prediger, und lobt sogar diese seltene Offenbarung. Er und seine getäuschten Zuhörer werden fälschlich annehmen das er ein Bodhisattva sei, und sie werden ihm folgen um dem Buddha seine Regeln zu brechen indem sie in sexuellen Wünschen schwelgen. Dieser Prediger wird sagen das die Augen Nase, Ohren, Zunge, reines Land seien und das Weiblich und Männliche Organe die Wohnung des Bodhi und des Nirwana seien. Und sein desillusionierter Zuhörer wird seine perversen Predigen glauben. Das ist der Alptraum Geist der nun ein Dämon wurde in seinem Alter und nun kommt um Praktizierenden zu schaden. Wenn er gelangweilt ist von seinen Missetaten wird er den Besessenen verlassen. Dann werden beide der Besessene und der Praktizierende Leiden weil sie dem königlichen Gesetz schaden zugefügt haben. Du solltest zuerst klar darüber sein in Bezug zu dieser Verführung um sicher zu stellen das du nicht in das Samsara zurückkehrst. Aber falls du desillusioniert bist und das nicht erkennst, wirst du in die endlose Hölle fallen.

5. Nun das der Praktizierende frei ist von falschen Ängsten nachdem seine Empfänglichkeit verschwunden ist findet er sich im Stadium der perfekten Meditation. Aber er könnte verführt sein durch seine Freude, die Kommunion mit dem Buddha zu suchen und dabei ein starkes verlangen für spirituelle Vereinigung entwickelt, und so unterwirft er sich dem Himmlischen Dämonen, der sofort einen Mann besetzt, um den Praktizierenden zu schädigen. Dieser Mann unbewußt das er besessen ist, wie befohlen, predigt dann den Dharma und denkt selber das er das höchste Nirwana erreicht hat. Er wird dann zum Haus des Praktizierenden kommen den höchsten Platz einnehmen um das Dharma zu lehren. Der Praktizierende wird dann diesen Mann als hundert oder sogar tausend Jahre alt sehen. Er wird ihn bewundern, wird mit ihm leben und ihm dienen und ihn die vier nötigen Dinge servieren und dabei nicht müde werden. Seit der Praktizierende überzeugt ist das der Mann sein Meister war im vorherigen Leben, respektiert er ihn und wird an ihn gebunden, und er lobt seine seltenen Offenbarungen. Er und andere Zuhörer glauben fälschlicherweise das er ein echter Bodhisattva sei und sie werden seinen Instruktionen folgen, dabei die Regeln des Buddha brechen und in sexuellen Wünschen schwelgen. Dieser Mann wird erklären das er im vorherigen Leben seine Frau oder Bruder befreit hat die nun kommen um ihm in eine besondere Region zu folgen wo sie alle einem besonderen Buddha dienen können. Oder er spricht von einem leuchtenden Himmel wo der Buddha nun lebt und wo alle Tathagatas beisammen sind. Der Praktizierende der desillusioniert ist wird ihm glauben und wird dadurch sein klares Mental verlieren. Das ist der Üble Geist der nun in seinem Alter ein Dämon wurde und nun kommt um Praktizierende zu schädigen. Wenn er gelangweilt wird von seinen Missetaten wird er den besessenen verlassen. Dann werden beide der Besessene und der Praktizierenden Leiden weil sie das königliche Gesetz beschmutzt haben. Du solltest zuerst klar sein in Bezug zu dieser Verführung um zu verhindern das du zurück in das Samsara fällst. Aber falls du desillusioniert

bist und das nicht erkennst, wirst du in die endlose Hölle fallen.

6. Nun das der Praktizierende frei ist von falschen Ängsten nachdem seine Empfänglichkeit verschwunden ist findet er sich in einem Stadium der perfekten Meditation. Aber er könnte verführt werden durch seine Freude, zu versuchen tiefer zu kommen in der Suche nach Ausgeruhtheit, und so unterwirft er sich dem himmlischen Dämonen der sofort einen Mann besetzt um den Praktizierenden zu schädigen. Dieser Mann ist unbewußt das er besessen ist und er wird den Dharma predigen wie ihm eingegeben wird, und selber denken das er den höchsten Nirwana erreicht hat. Dann wird er zum Praktizierenden kommen den höchsten Sitz einnehmen um das Dharma zu lehren. Und der Praktizierende und Zuhörer werden so ihr eigenes Karma kennen. Er wird einem der Zuhörern sagen, obwohl er noch lebt, das er schon ein Tier ist, oder er wird jemand anderem sagen sich auf den Boden zu setzen und ihn dann nicht mehr aufstehen lassen können. Die gegenwärtigen werden ihn bewundern und all seine übernatürlichen Kräfte und werden sich ihm unterwerfen, wenn dann einer an etwas denkt weiß der Mann das sofort. Er wird ihnen befehlen unnötige Dinge zu praktizieren noch zu den Buddha Regeln. Er wird die Mönche schlecht machen und deren Nachfolger beschimpfen. Er wird auf die Fehler der anderen hinweisen ohne ängstlich zu sein sich lächerlich zu machen. Er wird vieles erzählen was später materialisiert wird. Das ist der Kraftvolle Geist der im Alter ein Dämon wurde und nun kommt um Praktizierende zu schaden. Wenn er seiner Missetaten überdrüssig geworden ist wird er den besessenen verlassen. Beide der Besessene und der Praktizierende werden dann Leiden weil sie das königliche Gesetz beschmutzt haben. Du solltest zuerst klar darüber sein das diese Verführung passiert und du nicht in das Samsara zurückkehrst. Aber falls du desillusioniert bist wirst du in die endlose Hölle fallen.

7. Nun das der Praktizierende frei ist von falschen Ängsten nachdem seine Empfänglichkeit verschwunden ist, findet er sich im

Stadium der perfekten Meditation. Aber er könnte versucht sein durch seine Freude, noch mehr lernen zu wollen in seiner Suche nach Wissen von seinem vorherigen Leben. Dabei unterwirft er sich dem himmlischen Dämonen der sofort einen Mann besetzt um den praktizierenden zu schädigen. Dieser Mann sich unbewußt das er besessen ist wird das Dharma lehren und selber denken das er den höchsten Nirwana erreicht hat. Er wird dann zum Praktizierenden kommen sich auf den höchsten Sitz setzen um das Dharma zu lehren, und der Praktizierende wird eine seltene Perle in seinem Zimmer finden. Der Dämon wird entweder als Tier erscheinen wobei er in seinem Maul eine Perle hat oder andere wertvolle Edelsteine, und Dokumente und Registrierungen die er dem besessenen Mann gibt um die Angehörigen und den Praktizierenden zu täuschen, oder er wird eine helle Perle im Boden verstecken die den ganzen Raum erhellt. Die Anwesenden werden ihn wegen seiner Zauberei und Wunder loben. Der besessene Mann wird keine Nahrung zu sich nehmen und nur medizinische Pflanzen zu sich nehmen, oder er wird Hanfsamen oder Getreidesamen jeden Tag zu sich nehmen, aber der Dämon wird dafür sorgen das er stark und solide bleibt. Er wird dann die Mönche schlecht machen und deren Gefolgschaft verfluchen. Er wird die Fehler der anderen Menschen zeigen ohne ängstlich zu sein sich unmöglich zu machen. Er wird geheime Plätze offenbaren wo Schätze vergraben sind und wo Heilige leben, und jene die dann dahingehen werden aber seltsame Menschen finden. Das ist der Geist der Berge und Täler und Flüsse der in seinem Alter ein Dämon wurde und nun Praktizierende schädigt. Sein Ziel ist es andere darin zu unterstützen dem Buddha seine Regeln zu brechen und in Lust zu verfallen und Grund für die fünf Begierden der fünf Sinne zu haben. Wenn er Erfolg hat am Anfang seiner Praktizierung so wird er nur Pflanzen essen und seine Taten werden unsicher sein. Sein Objekt ist es die Praktizierenden zu schädigen. Und wenn er gelangweilt wird durch seine Missetaten wird er den besessenen verlassen. Dann werden beide der Besessene und der Praktizierenden

Leiden weil sie das Gesetz verletzt haben. Du solltest zuerst klar darüber sein das diese Verführung existiert damit du nicht wieder in das Samsara zurückfällst. Aber wenn du desillusioniert bist und das nicht erkennst wirst du in die endlose Hölle fallen. 8. Nun das der Praktizierende frei ist von falschen Ängsten nachdem seine Empfänglichkeit verschwunden ist findet er sich im Stadium reiner Meditation. Aber er könnte verführt werden durch seine Freude, die übernatürlichen Kräfte zu suchen, und so unterwirft er sich dem himmlischen Dämonen, der sofort einen Mann besetzt um den Praktizierenden zu schädigen. Dieser Mann sich nicht bewußt das er besessen ist, wird das Dharma lehren und selber denken das er das höchste Nirwana erreicht hat. Er wird dann zum Praktizierenden kommen den höchsten Platz einnehmen und das Dharma predigen. Er wird einen feurigen Ball halten den er in weitere kleinere feurige Bälle teil und jedem Angehörigen auf den Kopf legt. Sie werden keine Hitze spüren und werden nicht verbrannt obwohl die Feuerbälle mehre Fuß groß sind. Er wird auch auf dem Wasser wandeln, bewegungslos in der Luft sitzen, in eine Flasche eingehen und durch Wände gehen, aber er wird nicht immun gegen Schwerter und Hackbeile sein. Er wird vorgeben ein Buddha zu sein obwohl er ein unwissender ist, und er wagt es sich von den Mönchen anbeten zu lassen wobei er die Gefolgschaft beschimpft und die Regeln schlecht macht. Ihm gefällt es die Fehler anderer öffentlich zu zeigen ohne das er ängstlich ist sich unmöglich zu machen. Er prahlt mit seinen übernatürlichen Kräften und macht den anwesenden das sie das Buddhaland sehen die aber falsch und unreal sind. Er lobt Fleischlichkeit und unterstützt übles Verhalten welches er benutzt um sein Dharma zu übertragen . Das ist einer dieser starken Spirits der Gebirge, Seen, Windes, Flüsse oder der Erde, die auch im Gras leben oder Pflanzen, oder ein zerfallender Seher der dabei ist zu sterben und ein Geist zu werden dessen Form nun besessen ist von anderen Geistern, von dem nun einer kommt um den Praktizierenden Beschwerden zu machen. Wenn er genug von seinen Missetaten hat wird er den besessenen verlassen. Beide der Besessene und der Praktizierende werden Leiden wegen der Beschmutzung des Gesetzes. Du solltest zuerst klar darüber sein das diese Verführung existiert damit du nicht in das Samsara zurückfällst. Aber wenn du desillusioniert bist und es nicht erkennst wirst du in die endlose Hölle fallen.

9. Nun das der Praktizierende frei ist von falschen Ängsten nachdem seine Empfänglichkeit verschwunden ist findet er sich im Stadium der perfekten Meditation. Aber er könnte verführt sein durch seine Freude, die Auslöschung des Leidens zu suchen also Nirwana, und so sucht er tief in die Natur der Transformation auf der Suche nach tiefer Leerheit. Als ein Resultat wird er sich dem himmlischen Dämonen unterwerfen der sofort einen Mann besetzen wird um den Praktizierenden zu schädigen. Dieser Mann sich unbewußt das er besessen ist wird das Dharma lehren und selber denken das er das höchste Nirwana erreicht hat. Er wird dann zum Praktizierenden kommen sich auf den höchsten Platz setzen und das Dharma predigen. In deren Gegenwart wird er verschwinden und wieder erscheinen durch bloßen willen. Sein Körper scheint durchsichtig zu sein so wie Kristalle und seine Gebeine duftend wie Sandelholz. Sein Kot und Urin sind so hart wie Fels-Bonbons. Er wird die Regeln des Buddha brechen und alle Mönche verfluchen und alle Nonnen. Er wird predigen das Gesetz der Ursache und Wirkung ist ungültig und das da Auslöschung und totale Vernichtung nach dem Tod ist und es keine Reinkarnation gibt weder noch einen weltlichen noch einen heiligen Status nach dem Leben. Obwohl er die Leere realisiert hat, macht er weiter mit sexuellen Gelüsten und prahlt das seine Gefolgschaft auch die Leere realisiert hat wo es weder Ursache noch Wirkung gibt. Das ist einer der Geister und Spirits die für Tausende und Zehntausende von Jahren leben und in ihrem Alter Dämonen werden und nun kommen den Praktizierenden zu schaden. Wenn er von seinen Missetaten gelangweilt wird verläßt er den besessenen. Dann werden beide der Besessene und der Praktizierende Leiden weil sie das Gesetz

beschmutzt haben. Du solltest zuerst klar darüber sein das diese Verführung da ist um nicht in das Samsara zurückzufallen. Aber falls du desillusioniert bist und das nicht erkennst wirst du in die endlose Hölle fallen.

10. Nun das der Praktizierende frei ist von falschen Ängsten nachdem seine Empfänglichkeit verschwunden ist, findet er sich i m Stadium der perfekten Meditation. Aber er könnte verführt werden durch seine Freude, Langlebigkeit zu suchen und er geht in ermüdende Suche auf den Weg der Suche zur Unsterblichkeit indem er sein sterbliches Los gegen Unsterblichkeit aufgibt. Und so unterwirft er sich dem himmlischen Dämonen der sofort einen Mann besetzt der das Dharma predigen wird und selber denkt er hätte das höchste Nirwana verwirklicht. Dieser Mann sich dessen unbewußt das er besessen ist wird dann zum Praktizierenden kommen, sich auf den höchsten Sitz setzen, um das Dharma zu predigen. Er wird den Anwesenden erklären das er von weit hergekommenen Plätzen kommt und hier und da herumreist und das alles mit dem Willen überbrückt,, er wird dann tausende von Kilometer weggehen und innerhalb einer Augenbewegung wieder da sein, wobei er Dinge mitbringt die von den Orten sind. Oder er wird ihnen zeigen das sie für mehrere Jahre nicht fähig sein werden mehr als die kurze Distanz in ihrem Zimmer gehen zu können. Sie werden ihm glauben und denken er wäre ein Buddha. Er wird dann proklamieren das alle lebenden Wesen seine Kinder sind, das er der Erzeuger von Buddhas ist, das er in der Welt erscheint um andere zu retten, das er der ursprüngliche Buddha ist und keine Praktizierung braucht um so zu sein. Dieser Dämon könnte ein eifersüchtiger weiblicher Spirit sein, vom Isvara Himmel oder ein Konsumierer der Vitalität von den Himmeln der vier Devakönige, der keine direkte Mentalität hat und das falsche Denken des Praktizierenden benutzt um seine Vitalität zu absorbieren. Er bräuchte keinen anderen Mann zu besetzen aber könnte erscheinen als einer mit Kräften der einen Donnerkeil schwingt um langes Leben auf den Praktizierenden zu legen oder aber als ein wunderbares

Mädchen das ihn verführt, und dabei seine Vitalität erschöpft. Er ist im Delirium und kann erkannt werden durch seine unzusammenhängende Sprache, aber falls der Praktizierende nicht erkennt wer das ist, wird er mit ihm viel übles machen. Der Meditierende wird dann viel Leiden erfahren die durch das verletzendes Gesetzes kommt. Er stirbt meistens durch Erschöpfung bevor seine Strafe abgetragen wurde .

Du solltest zuerst klar darüber sein vor dieser Täuschung damit du nicht wieder ins Samsara zurückfällst. Aber wenn du desillusioniert bist und es nicht erkennst wirst du in die endlose Hölle fallen.

Ananda, es ist nicht nötig für dich nun Nirwana zu erreichen. Obwohl du das Stadium erreicht hast das über jegliches Studieren hinausgegangen ist solltest du bloß dein Gelöbnis erfüllen wiederzukehren im dharmaendenden Zeitalter um großes Mitgefühl zu entwickeln und jene zu befreien deren Mentalität darauf gerichtet ist das richtige zu glauben so das sie nicht durch Dämonen vergrämt werden sondern das richtige Wissen realisieren. Ich habe dich vom Samsara befreit und indem du meine Regeln erfüllst, wirst du deine karmischen Lasten erfüllen in der Dankbarkeit zu dem Buddha.

Ananda, die erwähnten zehn Stadien des Dhyana kommen von der Vermischung des dritten Aggregat des Auffassungsvermögens mit dem meditativen Mental. Desillusionierte und einfache Praktizierende die nicht ihre Fähigkeiten kennen, können nicht unterscheiden zwischen diesen Stadien wenn sie sich manifestieren und erklären fälschlicherweise sie hätten einen heiligen Rang erreicht. Indem sie das tuen brechen sie die Verbote gegen Lügen und werden in die endlose Hölle fallen. Nach meinem Nirwana im Dharma endenden Zeitalter, solltest du diese Lehre Proklamieren so das alle lebenden Wesen erwacht werden, und das himmlische Dämonen keinen Vorteil aus solchen Stadien ziehen können, und alle Praktizierenden wachsam sind um das höchste Tao zu erreichen.

Die zehn Stadien beeinflußt
durch das vierte Aggregat
die Unterscheidung

Ananda, in seiner Kultivierung des Samadhi, wenn das dritte Aggregat des Auffassungsvermögens beendet wird, wird der Praktizierende frei sein von dem normalen täuschenden Denken, und er wird die stille und helle mentale Verfassung erreichen, die wie ein klarer Himmel ist und andauernd der gleiche ist sowohl bei m Schlafen als auch beim Wachsein, und Leer ist von den Schatten der groben Sinnesdaten. Für ihn, die Berge, Flüsse, die große Erde, und das Universum, sind Wiederspiegelungen in einem hellen Spiegel, erscheinen und verschwinden ohne das sie eine Spur hinterlassen, und so widerspiegelt sein Mental Äußerlichkeiten ohne davon beeinflußt zu sein. Das ist die eine Essenz in welcher das vierte Aggregat sich nun manifestiert. Der Praktizierende wird alle lebenden Wesen der zwölf Arten der Geburt in den zehn Direktionen so wahrnehmen als ob er nicht deren wahre Ursache der Existenz kennt. Für ihn sind sie alle im gleichen Stadium des Lebens. Die Funktion des Mentals ist wie ein blitzender Spiegel der den klaren Horizont stört und das ist die Hauptursache der Illusion der Sinnesorgane und Daten. Das ist das vierte Aggregat welches dem Praktizierenden seine Meditation konditioniert. Wenn diese blitzende Störung zurückkehrt zu seiner serenen Quelle, wie kleine Wellen die langsam ruhiger werden damit das klare Wasser zu sehen ist, so wird das Aggregat Unterscheidungsvermögen zu Ende kommen, und der Praktizierende wird darüberhinaus springen und über das Zeitalter der unruhigen Wesen hinauskommen, der Hauptgrund dafür sein feines falsches Denken nicht zu erkennen. 1. Ananda, du solltest wissen das wenn der Praktizierende, als ein Resultat seiner zielgerichteten Konzentration, das richtige Wissen erlangt in seiner Praktizierung des Samatha (*Leidenschaften zu beenden)* dann ist sein Mental ruhig und klar und kann nicht mehr beunruhigt werden durch die zehn Klassen der Dämonen. Erst nun, kann er genauer in die Ursprünge der lebenden Wesen schauen. In seinen Entdeckungen der subtilen Störungen, kann er, falls er nun anfängt zu unterscheiden viele Fehler machen, wegen der folgenden zwei abweichenden Auffassungen von der Nichtexistenz von Ursache.

A. Er findet keine vorhergehende Ursache in seiner Untersuchung. Warum ? Weil er den Mechanismus des Lebens beseitigt hat, und kann nun, durch die Bedeutung der 800 Wohltaten von seinem Sinnesorgan des Sehens, in die 80,000 Kalpas schauen in welchen alle lebenden Wesen umherwandern von Platz zu Platz und weiter kann er nichts sehen. Und so kommt er zum Entschluß das alle lebenden Wesen aus sich selbst existieren ohne Ursache während der 80,000 Äonen und, wegen dieser Differenz, wird er dem Buddha sein universales Wissen verfehlen, dabei in Ketzerei verfallen, welches seine Bodhinatur verdeckt.

B. Er findet keine spätere Ursache in seiner Untersuchung. Warum ? Weil er die Wurzel des Lebens gesehen hat und kommt zum Entschluß das wie immer, Menschen bringen Menschen hervor, Vögel Vögel, Krähen sind schwarz und Störche sind weiß, das Menschen und Devas aufrecht gehen, und Tiere nicht, das deren weiße Farbe nicht vom Waschen kommt weder noch die schwarze Farbe vom Färben, und das alles so war und sein wird in diesen 80, 000 Kalpas. Und seit er nie den Bodhi zuvor sah, wie kann er ihn nun realisieren? Er wird nun zum Entschluß kommen das alle Dinge von der Nichtursache kommen, und so wird er den Buddha mit seinem Universalen Wissen verfehlen und wird in Ketzerei verfallen welches seine Bodhinatur verdecken wird. Das eben gesagte gehört zum ersten Stadium der abweichenden Unterscheidung die eine Nichtexistenz der Ursache voraussetzt.

2. Ananda, in seiner Kultivierung des Samadhi, als ein Resultat von zielgerichteter Konzentration, wird das Mental des praktizierenden ruhiger und kann nicht mehr von Dämonen beunruhigt werden. Er kann nun weit in die Ursprünge aller lebenden Wesen schauen, und in seiner Entdeckung der subtilen Störungen welche endlos weitergehen, falls er nun anfängt zu unterscheiden,

kann er Fehler machen wegen der vier abweichenden Wahrnehmungen von der universalen Permanenz.

A. Durch das intensive Schauen in sein Mental und seinen Objekten, findet er das beide Ursachenlos sind, und seit seine meditative Studie ihm ermöglicht zu wissen das in 20,000 Äonen alle lebenden Wesen Subjekte in der endlosen Runde von Geburt und Sterben sind ohne das sie ausgelöscht werden, denkt er an das falsche Konzept von der Permanenz von Mental und Objekt.

B. Indem er intensiv in die vier Elemente schaut, findet er das sie permanent existieren, und seit seine meditative Studie ihm ermöglichen zu wissen das in 40,000 Äonen alle lebenden Wesen ihre Formen behalten, die nicht zerstört werden trotz Tod und Geburt, nimmt er an die vier Elemente wären von Permanenz.

C. Indem er intensiv in die sechs Organe und das siebte und achte Bewußtsein schaut, findet er das der Ursprung von Mental, Intellekt, und Bewußtsein permanent ist. Und so erlaubt ihm seine meditative Studie zu wissen, das in 80,000 Äonen alle lebenden Wesen andauernd ihren Ursprung bewahren, und das er andauernd dableibt, und dadurch die Entstehung zum Konzept von der Permanenz des achten Bewußtseins.

D. Wenn der Praktizierende das dritte Aggregat total beseitigt hat, denkt er fälschlicherweise das Leben aufgehört hat zu fließen und das sein denkendes Mental zuende ist, und das was nun übrig bleibt sei Permanenz, und so kommt er zum Entschluß der Permanenz des vierten Aggregats. Wegen seiner falschen Konzeption von der wahren Permanenz, verfehlt er den universalen Buddhas mit seinem Wissen, und fällt in Ketzerei welches seine Bodhinatur verdeckt. Das gesagte gehört zum zweiten Stadium der abweichenden Unterscheidung welches falsche Permanenz annimmt.

3. Weiter, in seiner Kultivierung des Samadhi welches, als ein Resultat seines zielgerichteten konzentrierten Mentals, nun nicht mehr durch Dämonen beunruhigt werden kann, er nun intensiv in den Ursprung der lebenden Wesen schaut und anfängt zu Unterscheiden

während er die andauernden subtilen Störungen in seiner klaren Verfassung kontempliert, wird er Fehler machen wegen der folgenden vier perversen Ansichten von der Dualität von Permanenz und Nichtpermanenz. *(Das ist das siebte Bewußtsein das sich an Wahrnehmung festhält welches als Ego angesehen wird.)*

A. Der Praktizierende schaut in das tiefgründige helle Mental welches überall ist und hält das für sein Spirituelles Ego. Er findet das sein Ego welches hell und unveränderlich ist, alle zehn Direktionen umarmt und das alle lebenden Wesen durch sich selbst geboren werden und durch sich selber sterben, in seinem Mental. Deswegen schließt er das daß Permanent sei. Und alle jene die Subjekt zu Geburt und Sterben sind Unpermanent sind.

B. Der Praktizierende anstatt in sein eigenes Mental zu schauen, überdenkt Länder die so zahlreich sind wie der Sand im Ganges, und dabei hält er diese Regionen für Impermanent, die in dem Zeitalter der Zerstörung der drei Welten aufgelöst werden, und als Permanent hält er solche die davon unbeeinflußt sind.

C. Der Praktizierende schaut in sein Mental welches, so subtil und mysteriös wie Moleküle ist die alles durchdringen und deren Natur unveränderlich ist, und er kann seinen Körper in gedankenschnelle gleichzeitig dem Tod und der Geburt unterwerfen. Er hält das was nicht verfault als sein permanentes Ego und das was der Geburt und dem Tode Subjekt ist und von seinem Ego fließt als Impermanenz.

D. Der Praktizierende der weiß das nachdem das dritten Aggregat verschwunden ist, und das vierte kontinuierlich fließt, wird das letztere als Permanent annehmen und die ersten drei Aggregate die schon beendet sind als Impermanent. Indem er so unter-scheidet zwischen Permanenz und Impermanenz, fällt er in Ketzerei und verdeckt seine Bodhinatur. Das eben erwähnte gehört zu dem dritten Stadium der abweichenden Unterschei-dung, welche eine Dualität von Permanenz und Impermanenz annimmt.

4. Weiter, in seiner Kultivierung des Samadhi welches, als ein Resultat seiner zielgerichteten Konzentration seines Mentals, nun

nicht mehr von Dämonen bedrängt wird, wenn der Praktizierende intensiv in den Ursprung der lebenden Wesen schaut, und anfängt zu unterscheiden, während er die kontinuierlichen Störungen in seiner klaren Verfassung kontempliert, wird er Fehler machen wegen der folgenden vier dualistischen Ansichten vom Endlichen und Unendlichen.

A. Er schaut in den Ursprung des Lebens welches endlos fließt und schließt daraus das die Vergangenheit und die Zukunft die er nicht sehen kann endlich sind und das sein gegenwärtiges Mental das nicht aufhört, endlos ist.

B. Er schaut in die 80. 000 Äonen und sieht lebende Wesen in dieser langen Periode der Zeit aber wenn er in die Zeit schaut die davor war, sieht er und hört er nichts, und so schließt er daraus das die Region wo er nichts sieht und hört endlos sei und die Region wo es lebende Wesen gibt endlich.

C. Der Praktizierende findet das sein Wissen überall hinreicht und er schließt daraus weil alle lebenden Wesen erscheinen in seinem wissenden Mental, das seine Natur endlos ist. Weil deren Wissen von deren Mental nicht in seinem Mental erscheint, so folgert er das deren Mentale endlich seien ebenso deren Natur.

D. Als der Praktizierende nun intensiv in das vierte Aggregat schaut findet er das es in der Leere endet, er folgert das Ende wäre Auslöschung und das seine Manifestation Erschaffung wäre und so weiter, und das würde bedeuten denkt er das jedes lebende Wesen teilweise existiert und teilweise nicht und so schließt er daraus das alle Dinge in der Welt halb endlich und halb unendlich sind. Indem er so unterscheidet zwischen Endlich und Unendlich fällt er in Ketzerei und verdeckt seine Bodhinatur. Das eben gesagte gehört zum vierten Stadium der abweichenden Unterscheidung welche eine Dualität von End-lich und Unendlich annimmt.

5. Weiter, in seiner Kultivierung des Samadhi welches, als ein Resultat seiner zielgerichteten Mentalen Konzentration, nun nicht mehr von Dämonen gestört werden kann, wenn der Praktizierende intensiv in den Ursprung von lebenden Wesen schaut

und anfängt zu unterscheiden zwischen Ansichten während er den kontinuierlichen Fluß der subtilen Störungen in seiner klaren Verfassung kontempliert, kann er Fehler machen wegen der folgenden vier konfusen Ansichten in Bezug zu den unsterblichen Himmeln.

A. Während er den Ursprung der Transformation überprüft, könnte er das was verschieden ist als Veränderlichkeit sehen, und als Unveränderlich das was kontinuierlich sei, geboren das was sichtbar ist, ausgelöscht das was nicht mehr gesehen werden kann, Vergrößerung als das was seine Natur behält im Prozeß der Transformation, und verkleinern das dessen Natur unterbrochen wird in dem Veränderungsprozeß, Existierend das was erschaffen ist und Nichtexistent das was verschwindet, das ist das Resultat seiner Unterscheidung des gesehenen während er die Manifestation des vierten Aggregats kontempliert. Wenn suchende nach Wahrheit zu ihm kommen zwecks Instruktionen wird er sagen: „Ich lebe nun beides Leben und Sterben, beides Existiert und existiert nicht, beides wird größer und kleiner", so wird er wild durcheinander Reden um sie zu verführen.

B. Während der Praktizierende intensiv in sein Mental schaut, findet er das jeder Gedanke aufhört zu existieren und denkt das sie deswegen Nichtexistent sind. Wenn Menschen zwecks Instruktionen zu ihm kommen, seine Antwort besteht aus dem Wort „Nichts" worüber er desweiteren nichts weiteres zu sagen hat.

C. Während der Praktizierende intensiv in sein Mental schaut, sieht er das seine Gedanken entstehen und er schlußfolgert das sie existieren. Wenn Menschen kommen zwecks Instruktionen wird seine Antwort aus dem Wort „Irgendetwas" bestehen, darüber hinaus wird er nichts zu sagen haben.

D. Der Praktizierende sieht beides Existenz und Nichtexistenz und findet das solche Stadien so kompliziert sind das sie ihn durcheinander bringen. Wenn Menschen kommen zwecks Instruktionen wird er sagen : „Das Existierende beinhaltet das Nichtexistierende aber das Nichtexistierende beinhaltet nicht das Existierende" in solch einer oberflächlichen Art damit er weiteres intensives Nachfragen entgehen kann.

Indem er so Unterscheidet verursacht er Konfusion und fällt so in die Ketzerei die seine Bodhinatur verdeckt. Das eben gesagte gehört zu dem fünften Stadium der abweichenden Unterscheidung die konfuse Ansichten über das Unsterbliche hat.

6. Weiter, in seiner Kultivierung des Samadhi welches, als ein Resultat seiner zielgerichteten Mentalen Konzentration, nicht mehr von Dämonen gestört werden kann, wenn der Praktizierende intensiv in den Ursprung der lebenden Wesen schaut und er anfängt zu unterscheiden während er den endlosen Fluß des vierten Aggregats kontempliert, kann er Fehler machen wegen folgender falschen Ansichten von der kontinuierlichen Existenz der Form nach dem Tod, die durch sein gestörtes Mental entstehen. Denn er nimmt fälschlicherweise das vierte Aggregat als sein Ego.

So er hält fest an seinem Körper und glaubt fest das Form Ego sei. Er sieht das sein Mental alle Länder umarmt überall und er glaubt das Form innerhalb des Egos sei, er sieht das Form nun wiederaufgebaut wird um seinem Ego zu folgen, und er glaubt das Ego abseits von Form existiert, und er sieht das sein Ego weiterhin existiert in dem Fluß der Aktionen, Aktivitäten, Dispositionen und Konzeptionen, (Samskara) und er glaubt das es innerhalb der Form ist.

Das sind die vier Arten der Unterscheidung die entstehen durch den Glauben das Form andauernd weiter existiert nach dem Tod. So sind da sechzehn Sorten von solchen Unterscheidungen wegen der falschen Kontemplation über das vierte Aggregat. Von nun an unterscheidet der Praktizierende zwischen fundamentalen Schwierigkeiten und fundamentalem Bodhi so als ob sie beide Seite an Seite existieren ohne sich gegenseitig zu widersprechen. Wegen dieser falschen Ansicht das Form nach dem Tod weiter existiert, wird er in Ketzerei fallen und damit seine Bodhinatur verdecken. Das eben gesagte gehört zu dem sechsten Stadium der abweichenden Unterscheidung die fälschlicherweise annimmt das Form nach dem Sterben weiter existiert.

7. Weiter, in seiner Kultivierung des Samadhi welches, als ein Resultat seiner zielgerichteten Mentalen Konzentration, nun nicht mehr von Dämonen gestört werden kann, wenn der Praktizierende in den Ursprung der lebenden Wesen schaut und anfängt zu unterscheiden während er das vierte Aggregat kontempliert, welches genauso verschwinden wird wie die drei Aggregate zuvor, wird er Fehler machen wegen der falschen Ansicht über die Nichtexistenz der Form nach dem Tod was durch sein gestörtes Mental entsteht. Er sah das Form ursachenlos war als das erste Aggregat verschwand, das sein Mental frei war als das zweite Aggregat verschwand, und das alle Verbindungen gebrochen waren als das dritte Aggregat verschwand.

Nun schlußfolgert er das seitdem die Aggregate nicht mehr da sind, das Leben ohne sie wie Gras und Pflanzen sei. Nichtmal Form existiert i m Leben, wie kann da Form sein nach dem Tod? So seine Untersuchung bringt zum Vorschein, die Nichtexistenz von Form nach dem Tode mit der darauffolgenden achtfachen Abwesenheit von Form. Und so folgert er das Nirwana weder Ursache noch Effekt hat und das alle Dinge Leer sind, nur leere Namen haben und fundamental Subjekt sind zur Auslöschung.
Wegen dieser falschen Ansicht der Auslöschung nach dem Tode fällt er in die Ketzerei die seine Bodhinatur verdeckt. Das ist das siebte Stadium der abweichenden Unterscheidung die eine falsche Ansicht der Auslöschung annimmt.

8. Weiter, in seiner Kultivierung des Samadhi welches, als ein Resultat seiner zielgerichteten Mentalen Konzentration nicht mehr von Dämonen beunruhigt werden kann, wenn der Praktizierende in den Ursprung der lebenden Wesen schaut und anfängt zu unterscheiden während er das vierte Aggregat kontempliert, das sich nun manifestiert während alle anderen Aggregate zuvor verschwunden sind, wird er den Fehler machen wegen der falschen dualen Ansicht von Existenz und Nichtexistenz, welches Selbst-Wiedersprüchlich ist und welches die Negation von beiden nach dem Tode annimmt. Der Grund dafür ist das er

annimmt weil die ersten drei Aggregate verschwunden sind so wird das vierte auch verschwinden und er denkt das alle vier Nichtexistent sind. So folgert er das alle vier Aggregate weder existent noch nichtexistent sind i m Leben, aber sie werden so sein nach dem Tode, und deswegen die achtfache negative Ansicht. Die zuvorigen drei Aggregate die er sah sind nun nicht da. Wenn das vierte Aggregat das Unterscheidungsvermögen das sich nun manifestiert genauso nicht mehr existent ist, ist es also Nichtexistent. Wenn diese vier Aggregate genauso angeschaut werden, ist die Schlußfolgerung der achtfache negative Blickwinkel von der Form i m Leben und nach dem Leben. So zu jeder von ihnen, wenn sie untersucht werden, kann gesagt werden, das sie weder Existieren noch Nichtexistieren nach dem Tode.

Weiter seit das vierte Aggregat sich andauernd verändert, so folgert er das beides, Existent und Nichtexistenz ungültig sind denn es ist weder real noch unreal i m Leben. So er nimmt an das nichts darüber gesagt werden kann in der dunklen und obskuren Kondition nach dem Tode.

Für das halten dieser Ansicht, wird er in die Ketzerei fallen die seine Bodhinatur verdeckt. Sie gehören zu den acht Stadien der abweichenden Unterscheidungen die annimmt das beides Existent und Nichtexistenz der fünf Aggregate nach dem Tode ungültig sind.

9. Weiter, in seiner Kultivierung des Samadhi welches, als ein Resultat seiner zielgerichteten Mentalen Konzentration, nun nicht mehr von Dämonen beunruhigt werden kann, wenn der Praktizierende in den Ursprung der lebenden Wesen schaut und unterscheidet während er die vier Aggregate kontempliert welches Subjekt für Auflösung sind nach ihrer Entstehung und vergehen in jedem Wimpernschlag eines Gedankens, wird er Fehler machen wegen seiner falschen Wahrnehmung von irgend einem der sieben Stadien, wo Körper, Wünsche, Leiden, Freude, und Gleichgültigkeit zerstört werden und wo nichts existiert nach der Auflösung die endgültig ist.

Für seine falsche Ansicht von Auflösung nach dem Tode, wird

er in die Ketzerei fallen und so seine Bodhinatur verdecken. Das ist das neunte Stadium der abweichenden Unterscheidung die entsteht durch sein beunruhigtes Mental welches die Auflösung der fünf Aggregate nach dem gegenwärtigen Leben annimmt 10. Weiter, in der Kultivierung des Samadhi welches, als ein Resultat seiner zielgerichteten mentalen Konzentration, nun nicht mehr von Dämonen beunruhigt werden kann, wenn der Praktizierende in den Ursprung der lebenden Wesen schaut, und anfängt zu unterscheiden während er die vier Aggregate kontempliert, die wieder zurückkehren nach ihrer Auflösung nach dem Tode, wird er Fehler machen wegen des Mißverständnisses der fünf falschen Konditionen von Nirwana.

In seiner Kontemplation von der Kondition von perfekter Klarheit die sich nun manifestiert, ist er verführt ins Nirwana zu Transmutieren, entweder, A: Der Himmel der Wünsche wegen seiner Freude in dieser Kondition, B: Der erste Dhyana Himmel weil er frei ist von Ärger und Ängste, C: Der zweite Dhyana Himmel weil er frei ist von Leiden, D: Der dritte Dhyana Himmel weil er voller Freude ist, oder E: Der vierte Dhyana Himmel weil er frei ist von beides Leiden und Freude und frei ist von Geburt Tod und Samsara. So wird er fälschlicherweise die samsarischen Himmel für den fundamentalen Wu Wei Status annehmen und sich an irgendeinen dieser fünf Stadien festhalten als die höchste Wohnstädte die Frieden und Sicherheit bietet. Wegen dieser Unterscheidung wird er in die Ketzerei fallen und dadurch seine Bodhinatur verdecken. Das ist das zehnte Stadium der abweichenden Unterscheidung welche annimmt das die fünf Konditionen des Nirwana aus den fünf Aggregaten entstehen.

Ananda, diese zehn Arten der wilden Interpretation des Dhyana kommen von der Vermischung mit dem vierten Aggregat der Unterscheidung mit dem meditativen Mental. Desillusionierte und einfache Praktizierende die nicht ihre eigene Kapazität kennen, können nicht unterscheiden zwischen diesen Stadien wenn sie sich manifestieren und erklären fälschlicherweise das sie einen heiligen Rang erreicht haben. Indem sie das tuen brechen sie die Regel des nicht Lügens und fallen so in die endlose Hölle. Nach meinem Nirwana im dharmaendenden Zeitalter, solltest du diese Lehre verbreiten so das lebende Wesen erwacht werden, das der Dämon ihr Mental nicht in die falsche Richtung führt, und das alle Praktizierenden wachsam sind und abweichende Ansichten beseitigen. Du solltest ihnen lehren wie sie ihren Körper disziplinieren und ihr Mental,so das sie zur Realität erwachen und nicht vom höchsten Pfad kommen, und das sie von Wunschgedanken abstand nehmen, und auch davon,ein wenig Fortschritt als komplette Realisation anzunehmen. Du solltest ihr Führer zur höchsten Erleuchtung sein.

Die zehn Stadien
beeinflußt durch das fünfte Aggregat
von Bewußtsein

Ananda, in der Kultivierung von Samadhi, wenn das vierte Aggregat der Unterscheidung zu seinem Ende kommt, und die subtilen Störungen im Stadium der Klarheit, was auch der Mechanismus von Geburt und Tod ist, plötzlich explodiert, und eine Sichtweise eröffnet die komplett anders ist als das des tiefen Karmas von Menschen. Das ist der Moment, wenn Nirwana nun langsam anfängt sein Morgenlicht zu zeigen, so wie der Hahn der mit den ersten Lichtstrahlen anfängt den Sonnenaufgang anzukündigen, wenn die sechs Sinne noch leer sind und still und nicht mehr außen herumwandern. Innerhalb und außerhalb ist nur eine tiefe Helligkeit die bis zur Wurzel des Lebens reicht, von allen Wesen der zwölf Formen von Geburt in den zehn Direktionen von Raum, worin nichts weiter ist das noch tiefer durchdrungen werden kann. Diese Kontemplation über die Essenz des ursprünglichen Festhaltens, befreit den Praktizierenden von allen Attraktivitäten und immunisiert ihn von weiteren Transmigrationen in Samsara, denn er hat die Identität seines Mentals realisiert, mit seinen selbstgeschaffenen Äußerlichkeiten überall. Da sich nun die Natur des Bewußtseins klar manifestiert, wird er die versteckte tiefe entdecken. Das ist das fünfte Aggregat des Bewußtseins, welches die Meditation des Praktizierenden konditioniert. Da der Praktizierende immun ist gegen äußerliche Attraktivitäten und die Identität von Mental und Objekte realisiert, so hört auch die Isolierung die durch die sechs unterschiedlichen Sinnesorgane entstehen auf, und sein Mental funktioniert einheitlich mit Sehen und Hören wie eine einheitliche Funktion die rein und klar ist. In dieser Verfassung, sind alle Welten in den zehn Direktionen zusammen mit seinem Körper und Mental (Geist, Mind) dann klar und durchsichtig wie ein Kristall,beides,innerlich und äußerlich. Das ist das Ende des Aggregats des Bewußtseins, welches dem Praktizierenden erlaubt über das Kalpa des wilden Lebens hinauszukommen, der Hauptgrund welches der anscheinende Schatten ist für sein falsches Denken.

(Angeblich der erste Gedanke der zum Vorschein kam im Geist-Mental seit der anfangslosen Zeit. Der Buddhaweg ist ja der Weg zu dir selber, zu dem göttlichen das du bist, aber so richtig verstanden habe ich das noch nicht, da mir die meditative Erfahrung in dem Bereich fehlt, und daher mein Verstand hin und her jongliert. Ich frage mich sind die Buddhas die Söhne Gottes oder die Töchter Gottes, oder kurzum eben die Göttlichen Funken, muß ja so sein, denn da alle Wesen aus der gleichen Quelle kommen, können sie auch logischerweise bloß die gleiche Essenz haben, also sind in Wahrheit alle Wesen die Buddhas oder die Söhne Gottes oder Töchter Gottes, obwohl es da kein geschlechtlichen unterschied gibt. Und von dem Ausgangspunkt eben das jeder der Buddha in seiner Essenzform ist, wenn ich zurückgehe sozusagen in der Suche zu mir selber, kehre ich den Prozeß nun um, und gehe wieder nach außen, obwohl es in der Wahrheit kein innen und außen geben kann, jedenfalls, wird dann ja die Erschaffung gemacht nämlich durch den Geist- Mental, der nun wieder seine Gedanken und Bilder und Fantasien produziert und die Welt erschafft, so was soll da falsch sein, garnichts, denn der Buddha weist ja bloß auf den zielgerichteten Weg zu dir selber hin der dann eben weg geht vom Denken des Mentals und hin zur Essenz des Denkenden und Gedankens, und deswegen muß er ja auch konsequent sein in der Verneinung des Denkens, was nicht bedeutet das wäre übel,

übel sind bloß üble Gedanken und Vorstellungen. Und selbst die haben ihr gutes indem sie mir zeigen was nicht gut für mich ist, also bin ich wieder bei dem unangenehmen Guten, das Negative oder angebliche Böse, das ja auch seine Bedeutung hat im wachwerde Prozeß)

1. Ananda, du solltest wissen das, da nun der Praktizierende intensiv in das vierte Aggregat schaut, es zu seiner Quelle zurückkehren wird, welches das fünfte Aggregat das Bewußtsein ist. Obwohl er Geburt und Tod beseitigt hat, erreicht er noch nicht das reine und tiefe Stadium von Nirwana. Er kann nun die unterschiedlichen Funktionen der Sinnesorgane vereinheitlichen, und wird sich nun bewußt das alle Wesen durch das Bewußtsein erschaffen werden. Und so kann er die Quelle der Perfektion betreten, aber wenn auf dem Weg zurück zu ihr, er fälschlicherweise annimmt das wäre die Ursache für wahre Permanenz und hält das für korrekt, wird er den Fehlern verfallen und wird ein Vertreter der Kapila Doktrin, die annimmt die Quelle wäre Dunkelheit. *(Kapila ein Seher Rhisi, der die Sankhya Philosophie begründete. Er lehrte das durch die Vereinigung mit der Natur und Bewußtsein das Universum entsteht. Er lehrte das es so viele Seelen und Bewußtseinseinheiten gibt wie es lebende Wesen gibt.)* Und dadurch verdeckt er seine Bodhinatur und verfehlt das Buddhawissen.

Das ist das erste Stadium des Aggregat Bewußtsein welches das Mental - Mind aufbaut, folglich als das höchst erreichbare sich darstellt und so sich weit entfernt von totaler Erleuchtung, indem es gegenüber von Nirwana steht, und so den Samen der Ketzerei sät.

2. Ananda, wenn der Praktizierende nun intensiv in das Bewußtsein schaut welches nun leer wird, wird er Geburt und Tod beseitigen aber noch nicht Nirwana erreichen. Wenn er Bewußtsein für seine Essenz hält und daran festhält das er recht hat in seinem Denken, das alle lebenden Wesen der zwölf Arten der Geburt im endlosen Raum, von seinem Körper entspringen, wird er falsch liegen, wegen seiner falschen Wahrnehmung von einem subjektiven Schöpfer, und er wird ein Anhänger von Mahesvara werden, der in einem Körper erscheint der endlos ist. Es wird

seine Bodhinatur verdecken und er wird dadurch das Buddhawissen verfehlen. *(Mahesvara , einer der Namen Shivas)*

Das ist das zweite Stadium des Aggregats Bewußtsein, welches das Schöpfer-Mental aufbaut, als das ultimative erreichbare, und sich so weit entfernt von totaler Erleuchtung indem es gegenüber von Nirwana steht, dabei den Samen von großem Stolz sät in einem allgegenwärtigen göttlichen Ego.

3. Als der Praktizierende nun intensiv in das Bewußtsein schaut das nun leer wird, so wird er Geburt und Tod beseitigen aber nicht Nirwana erreichen. Wenn er sich am Bewußtsein festhält als sein höchstes Ziel, so wird er interpretieren das sein Körper und sein Mental- Mind und auch das gesamte des Raumes von diesem höchsten Ziel entspringt, und dadurch fälschlicherweise annimmt das diese Quelle die wahre Realität wäre, frei von Geburt und Tod. Wegen seiner falschen Interpretation von Bewußtsein als permanent, wird er weder das Nichterschaffene noch Geburt und Tod verstehen. Wegen seiner Freude in diesem Desillusionierten Stadium, wird er den Fehlern verfallen weil er das Impermanente für Permanent hält und wird so ein Anhänger von Isvaradeva, wodurch er seine Bodhinatur verdeckt und das Buddhawissen verfehlt. *(Ishvaradeva , die höchste Persönlichkeit Gottes, Krishna , oder Herrscher der Welt.)* Das ist das dritte Aggregat des Bewußtseins die das Kausalmental als das höchst erreichbare annimmt, und so weit entfernt ist von kompletter Erleuchtung indem sie gegenüber von Nirwana steht, und den Samen des perfekten gegenüber sät.

4. Als der Praktizierende intensiv in das Bewußtsein schaut welches leer wird, wird er Geburt und Tod beseitigen aber nicht Nirwana erreichen. Wenn er an seinem Wissen vom allesumarmenden Be-wußtsein festhält und so seine Eigeninterpretation aufbaut das alles, Gras und Pflanzen fühlende Wesen sind und nicht unterschiedlich sind zum Menschen und das nach dem Tode Menschen Gras und Pflanzen werden, und er Freude an dieser falschen Auffassung hat, wird er in die falsche Annahme verfallen, wegen seines falschen Wissens, und er wird ein Anhänger

von der Doktrin von Vasitha und Sani werden, die die Permanenz von Nirwana verneinen und denken das Pflanzen leben und Gefühle haben. *(Was sie aber haben , außer das was das Gefühl ist oder von den beweisen der wissenschaftlichen Instrumente bekommt, wird als etwas anderes betrachtet nämlich die göttliche Wahrnehmung , oder Bewußtsein, es darf nicht vergessen werden , ein Buddha ist nicht die höchste allgegenwärtige Gottheit, obwohl das Licht des Buddha enorm ist und normalsterbliche wie mich schon gefangen halten kann und blendet, aber wenn ein Buddha die höchste Gottheit wäre, würden es keine reinen Länder wie das Buddhaland geben , da es das reine Land das Buddhaland gibt, und auch die Buddhas, muß es auch deren Erschaffer geben , aber beeindruckend ist der Sidharta schon in seiner Problemlösung in Bezug zum Alter und Sterben, meine Anerkennung hat er.)* Dadurch verdeckt er seine Bodhinatur und verfehlt das Buddhawissen. Das ist das vierte Stadium des Aggregat Bewußtsein welches das wissende Mental- Mind als das höchst erreichbare darstellt, und so weit entfernt ist von kompletter Erleuchtung indem es gegenüber von Nirwana steht, und den Samen sät von entgegengesetztem Wissen.

5. Als der Praktizierende intensiv in das Bewußtsein schaut welches nun aufhört, beendet er Geburt und Tod aber erreicht nicht das Nirwana. Wenn er erwacht zu der Einheitlichkeit der Sinnesorgane während er über die ursprüngliche Transformation kontempliert, könnte er versucht sein die Helligkeit von Feuer anzubeten,, die Reinheit von Wasser, die Freiheit von Wind, und die Kreativität der Erde. Er wird sie für fundamentale Ursachen der Kreation halten und als permanente Realität, und dabei in Fehler verfallen wegen seiner falschen Ansicht der Schöpfung. Er wird so den Lehren von Kasyapa folgen und anderen Brahmanen und wird, in seinem Versuch Unsterblichkeit zu erreichen, seinen Körper und Mental- Mind, als Diener und Anbeter des Feuers und Wassers hergeben *(Das ist aber ziemlich armselig wenn jemand so weit vorgedrungen ist, und kurz vor Nirwana steht, das er dann plötzlich völlig verblödet wird , ob das der Buddha gesagt hat, das muß ich bezweifeln .)* Und dadurch verdeckt er seine Bodhinatur und verfehlt das Buddhawissen.

Das ist das fünfte Stadium des Aggregat Bewußtsein welches die Anbetung annimmt, und so das Mental wegwirft in seinem versuch die Objekte zu erkennen, und fälschlicherweise die Ursache im Genuß sucht. Der Praktizierende wird sich weit entfernen von kompletter Erleuchtung und wird gegenüber von Nirwana stehen, und dadurch den Samen für die Auflösung säen.

6. Da nun der Praktizierende intensiv in das Aggregat des Bewußtsein schaut, welches nun aufhört, beseitigt er Geburt und Tod aber erreicht jetzt noch nicht Nirwana. In diesem Stadium von hellem und leerem Bewußtsein, könnte er versucht sein zu glauben das Leerheit alle Dinge zerstört und er wird sich an die Vernichtung klammern als seine letzte Rettung. So wird er in Fehler verfallen weil er sich an das Nichts klammert und wird Denken das Devas ohne Gedanken Leer sind, und dabei verdeckt er seine Bodhinatur und wird das Buddhawissen verfehlen.

Das ist das sechste Stadium des Aggregat des Bewußtsein welches komplett leer ist und Mentallos führt es zu leerem Genuß. Der Praktizierende wird sich weit entfernen von der kompletten Erleuchtung und er wird gegenüber von Nirwana stehen, dabei den Samen säen für die Vernichtung.

7. Als der Praktizierende intensiv in das Bewußtsein schaut welches nun zuende geht, beseitigt er Geburt und Tod aber wird noch nicht Nirwana erreichen. In dieser weiteren Verfassung von Bewußtsein, könnte er versucht sein wegen ihrer anscheinenden Permanenz zu versuchen seinen eigenen Körper Todlos zu machen und ihn von der Sterblichkeit zu befreien. Solch eine Falscherkenntnis wird der Grund für ihn sein wegen seiner falschen Wünsche, auch den Lehren von Asita-Rsi zu folgen der Langlebigkeit pro- klamiert, und dadurch verdeckt er seine Bodhinatur und verfehlt das Buddhawissen.

In diesem siebten Stadium des Aggregat Bewußtsein welches an Langlebigkeit festhält und dadurch die falsche Ursache der Errettung aufbaut für permanente ersehnte Erfolge, wird der Praktizierende sich weit entfernen von kompletter Erleuchtung, und er wird gegenüber von Nirwana stehen, deswegen den Samen für falsche Lebensverlängerung säen.

8. Da nun der Praktizierende intensiv in das Bewußtsein schaut welches nun zuende geht, wird er Geburt und Tod beseitigen aber er wird jetzt noch nicht das Nirwana erreichen. In seiner Kontemplation des Aggregat Bewußtsein von welchem das Leben entspringt, könnte er nervös werden das er annimmt das könnte enden und totale Auflösung des weltlichen würden passieren, und er würde durch die Möglichkeit der Kraft der Transformation, sich in einen Lotuspalast hinsetzen und die sieben Schätze zeigen, und wunderbare Frauen, um seinem Mental Zufriedenheit zu geben. Aber so wird er Fehler machen wegen des sich einlassens in die Falschheit, und so wird er den himmlischen Dämonen folgen, wobei seine Bodhinatur verdeckt wird und er nicht das Buddhawissen erreicht.

Das ist das achte Stadium des Aggregat Bewußtsein, welches die Entstehung für die Ursache der weltlichen Erfolge gibt. Der Praktizierende wird so weit von kompletter Erleuchtung abweichen indem er gegenüber von Nirwana sein wird, und dadurch den Samen für himmlische Dämonen sät.

9. Weiter, da nun der Praktizierende intensiv in das Bewußtsein schaut welches nun zu Ende geht, so wird er Geburt und Tod beseitigen, aber er wird noch nicht das Nirwana erreichen. Als er sein helles Bewußtsein kontempliert, und er anfängt zu unterscheiden zwischen den feinen und dem groben Charakteristika, und so die Dualität der Realität annimmt und die Falschheit in seiner Suche nach Wahrheit, so wird er abweichen vom reinen und klaren Pfad, er wird in das Leiden schauen, das abschneiden seiner Ursache, die Zerstörung und der Weg daraus, und er wird bei der Auflösung aufhören ohne weiter zu suchen und Fortschritt zu machen. Indem er das tut wird er solchen Mentalitäten folgen deren Mental schon fest fixiert ist, im Sravaka Stadium, solchen Devas der vier Dhyana Himmel, und solchen die sich weigern mehr über das Dharma zu hören, und so entwickeln sie Selbst - Genügsamkeit, wodurch sie die Bodhinatur verdecken und das Buddhawissen verfehlen.

Das ist das neunte Stadium des Aggregat Bewußtsein welches sich vereinigt mit seiner Essenz für nirwanischen ersehnten Erfolg. Der Praktizierende wird so weit von kompletter Erleuchtung sich entfernen indem er gegenüber von Nirwana steht, und dabei den Samen sät für hinderliche Leere.

10. Weiter, da der Praktizierende intensiv in das Bewußtsein schaut welches nun zu ende geht, und er frei von Geburt und Tod wird, aber noch nicht das Nirwana erreicht. Während er die helle und reine Essenz des Bewußtseins kontempliert, und tiefer in seine Tiefe schaut, könnte er das letztliche für Nirwana halten, und er wird aufhören weiter zu machen. Er wird dann einer von denen sein dessen Mind -Mental die Pratyeka Buddhaheit erreicht hat und die separat leben, abseits von anderen um Selbsterleuchtung zu erlangen, und dabei verdeckt er seine Bodhinatur und verfehlt das Buddhawissen. *(Pratyeka Buddha ist jemand laut Buddha oder Buddhisten , der alleine lebt und Erleuchtung für sich selbst erreichen will und nicht, hier kommts, das Bodhisattva Ideal erreichen will.)*

Das ist das zehnte Stadium des Aggregats Bewußtsein, welches die Vereinigung von Mental-Mind mit reiner Erkenntnis die im klaren ersehnten Erfolg kulminiert. Und so wird der Praktizierende weit von kompletter Erleuchtung entfernt sein indem er gegenüber von Nirwana steht, und dabei den Samen von inkompletter Erleuchtung sät.

Ananda, das sind die zehn Stadien des Dhyana die zu wilden Spekulationen führen weil der Praktizierende sich an wilde Spekulationen hält und Desillusioniertheit und er hält zu wenig erreichtes für die volle Realisierung. Das alles ist wegen der Vermischung des fünften Aggregat des Bewußtseins mit dem meditativen Mind- Mental.

Desillusionierte Menschen und einfach Menschen, die nicht ihre eigenen Kapazitäten kennen, hören mit ihrem Mental auf, das vollgeladen ist von zuvorigen Gewohnheiten,in diesem Stadium, das sich nun manifestiert, und welches sie dann als die höchste Erreichbarkeit annehmen. Sie werden fälschlicherweise erklären das sie den höchsten Bodhi erreicht haben und brechen so die

Regeln gegen Lügen, wobei sie übles Karma für sich aufbauen als Häretiker und teuflische Dämonen, wodurch sie dann in die endlose Hölle kommen. Und zu Sravakas und Pratyeka Buddhas, sie werden keinen weiteren Fortschritt machen. Nach meinem Nirwana, im dharmaendenden Zeitalter, solltet ihr alle diese Lehre proklamieren so das alle lebenden Wesen dazu erwachen können, und das die Dämonen ihrer falschen Wahrnehmung ihnen keine selbstverschuldeten Schwierigkeiten machen können, und alle Praktizierenden wachsam sein können und diese abweichenden Ansichten beseitigen können. Du solltest ihnen beibringen wie sie ihren Körper disziplinieren können und ihr Mental- Mind so das sie das Buddhawissen erreichen, indem sie nicht falsch gehen am Anfang ihrer Praktizierung. Diese Dharma-Tür wurde in den vergangenen Äonen unzählbar wie der Ganges Sandkörner hat, von allen Tathagatas zahllos wie der Staub, genommen, die dadurch ihr Mental- Mind öffneten und so das Höchste Tao erreichten. Wenn dein Aggregat des Bewußtseins zu einem Ende kommt, werden alle deine Sinnesorgane zusammenmischen für einheitliches Funktionieren und du wirst das unzerstörbare Stadium der trockenen Weisheit erreichen in welcher sich deine Erleuchtete Essenz deines Mental- Mind manifestieren wird, wie ein reiner Kristall mit dem kostbaren Mond mittendrin. Dann wirst du über die zehn Stadien des Bodhisattva-Vertrauens springen, die zehn Stadien der Bodhisattva Weisheit, Aktivitäten und Hingaben, die vier Stadien des intensivierten Bemühens, die zehn unzerstörbaren Bodhisattva Positionen, und das Stadium von unrealer Erleuchtung um Eintritt in den majestätischen Ozean der Tathagatas von wunderbarer Erleuchtung zu kommen, und so den Bodhi perfektionierend um dorthin zurückzukehren wo nichts mehr gewonnen werden kann.
Diese zehn Stadien des Bewußtseins sind sehr sehr feine Stadien von Mara. Erkannt durch vergangene Buddhas während sie in der Verfassung der klaren Einsicht waren während sie ihr Mental- Mind stillgelegt hatten. Wenn du schon vorher diese Marastadien kennst, wirst du leichter den Staub abreiben können der sich dann da in deinem Mental- Mind angesammelt hat und du wirst dadurch falsche Ansichten

vermeiden. Der Dämon der fünf Aggregate wird verschwinden, die himmlischen Dämonen werden zerschmettert werden, die kräftigen Geister und Spirits werden ängstlich verschwinden und weglaufen, der Spirit der Flüsse und Berge wird nicht kommen um dich zu beunruhigen bis du Bodhi erreicht hast. Du wirst so deine Praktizierung von einem minderwertigen Stadium deines Mental- Mind beginnen, und dann weiterschreiten in Richtig des großen Nirwana mit einem freien Mental- Mind frei von Desillusionen und Unerklärbarkeiten.

Die Falschheit
der fünf Aggregate

Nachdem Ananda die Instruktionen des Buddha gehört hatte, erhob er sich von seinem Sitz und verbeugte sich mit seinem Kopf zu den Füßen des Buddha. Da er nun die Lehre bekommen hatte, an die er sich gut erinnern konnte, sagte er : Wie der Buddha gesagt hatte, die fünf Arten der Falschheit die durch die fünf Aggregate entstehen, sind bloß wegen des denkenden Mentals - Mind, aber wir haben noch nicht deine Erklärung im Detail gehört . Weiter, sollten die fünf Aggregate zur gleichen Zeit beseitigt werden oder Separat, eines nach dem anderen ? Was sind deren Grenzen ? Wirst du so mitfühlend sein uns hier belehren so das jeder sein Mental- Mind reinigen kann und somit die zukünftige klare Sichtweise haben wird für alle lebenden Wesen im Dharma endenden Zeitalter?
Der Buddha sagte : Ananda, reine Realität ist tiefste Erleuchtung, und Basis Erleuchtung ist perfekt und rein, die weder Geburt noch Tod oder andere Unreinheiten nichtmal Leerheit in sich trägt, alles was aus falschem Denken entsteht. Von der tiefsten Erleuchtung ihrer wahren Essenz von Basis Erleuchtung entstehen alle Illusionen von einem materiellen Universum auf die gleiche Art wie Yajnadatta sich selbst täuschte in dem Glauben vom Bildnis seines Kopfes.
Fundamentale Falschheit hat keine Ursache außer falsches Denken das es aufbaut und getäuschte Menschen halten das fälsch-

licherweise für das wahre Selbst.

Selbst Leerheit ist bloß eine Täuschung, wie mehr noch Ursache und das Selbst als solche die das Produkt von Unterscheidung sind, sie entstehen im falschen Mental- Mind von lebenden Wesen. Ananda, wenn du weißt wo Falschheit entsteht, dann kannst du von Ursache sprechen, aber wenn da fundamental keine Falschheit ist, wie kannst du da von Ursache sprechen? Viel weniger kannst du dann vom Selbst als solches reden. Deswegen, der Tathagata zeigt dir, die Basis Ursache der fünf Aggregate ist falsches Denken.

Falschheit
des ersten Aggregat
der Form

Dein Körper hat seine Existenz zuerst durch die Gedanken deiner Eltern ein Kind zu zeugen, aber wenn du selber nicht daran gedacht hättest geboren zu werden, da würde es keine Möglichkeit geben für deine Inkarnation in deren Gedanken. Wie ich schon zuvor sagte, wenn du an Essig denkst, fängt dein Mund an wässrig zu werden, und wenn du daran denkst an einer steilen Klippe zu stehen, wirst du Streß in den Sohlen deiner Füße spüren. Aber da ist weder Essig noch eine Klippe, und wenn dein Körper nicht von der gleichen Natur der Falschheit ist, wie kann dann Wasser in dein Mund kommen wenn du an Essig denkst? Deswegen solltest du wissen das dein physischer Körper das erste Stadium der Zusammenführung deines falschen Denkens ist. *(Mit dieser Form der Logik, würde ja die gesamte sichtbare Existenz falsch sein, und auf Falschheit aufbauen ja sogar Falschheit sein, falsch i m Sinne von Negativ nicht gut, und mein Leben hier auf der Erde und das aller Lebewesen würde ja auch bloß eine Falschheit sein. Aber das die Buddhas oder der Buddha und der Tathagata, so wie ich das erkennen kann nicht die absolute Gottheit ist, da ist er mehr als weit weit weit von entfernt, liegt es klar sichtbar, das Buddha Sidharta Gautamo Shakyamuni, nicht die Wahrheit im höchsten Sinne Denken kann und Sprechen kann, und erreicht hat. Nur als Beispiel, ein Buddha kann weder eine Sonne erschaffen noch kann er die Erde erschaffen, natürlich ist sein Licht gegenüber der anderen Lebewesen enorm, und doch ist da etwas falsches in seinem Sein, denn er stellt sich dar als ob das was er erreicht hat, das endgültige höchste währe, was dann für mich sich so offenbart als ob das die all mächtige Gottheit währe. Da muß ich glücklicherweise passen, und zur gleichen Zeit das gesamte Östliche Streben zwar sehen als das was es ist, aber es gibt keinen Ersatz für die all mächtige Gottheit. Alleine von der Logik, wäre es unmöglich, das sich die allmächtige Gottheit, bloß in einem Menschen oder durch einen menschlichen Körper zeigen würde. Die Buddhas sind ein Spezis für sich selber, denn da Sidharta Gautama Shakyamuni als er sein Problem hatte mit Alter und Sterben, anfing das Problem zu lösen, da wußte er ja selber nicht was da auf ihn zukommen würde, und mir ist nichts bekannt in der menschlichen Literatur vor dem Buddha das da jemals etwas von Buddhas erwähnt wurde, und nun soll es aufeinmal so viele geben wie Sand am Ganges . Ich kann zwar Sehen und Denken, das der Buddha das ist was ich als die göttlichen Seelen oder die Kinder Gottes beschreiben würde und da ist er auf den Grund der Kinder Gottes gekommen, aber so richtig klar ist mir das noch nicht weil ich selber diesen inneren Trip noch nicht sooo weit gegangen bin, obwohl ich schon einiges erlebt habe von der Größe meines Ichs.)*

Falschheit
des zweiten Aggregat
der Empfänglichkeit

Wir haben von dem Gedanken gesprochen wenn du an einer Klippe stehst und deinen Körper unter Streß damit bringen kannst. Das ist das Aggregat der Empfänglichkeit die deinen physischen Körper beeinflußt der so bewegt wird durch angenehme und unangenehme Gefühle. Das ist das zweite Stadium von Leeren Reflexen durch dein falsches Denken.

Falschheit
des dritten Aggregat
das Auffassungsvermögen

Deine Gedanken können deinen Körper bewegen, aber wenn beide nicht verwandt sind wie kann der Körper den Befehlen des Gedankens folge leisten um zu Handeln ? Deswegen, wenn das Mental - Mind aktiv ist, gehorcht der Körper und beide Handeln in perfekter Einheit. Wenn du wach bist, dein denkendes Mental - Mind arbeitet, aber wenn du schläfst, Träume nehmen den Platz der Gedanken . Deswegen solltest du wissen das deine Gedanken deine falschen Gefühle bewegt. Das ist das dritte Stadium von der Durchdringung deiner falschen Gedanken.

Falschheit
des vierten Aggregat
die Unterscheidung

Transformation hört nie auf und verändert nicht wahrnehmbar jeden Moment, was du ja am Wachstum deiner Haare und Nägel sehen kannst und der Verlust deiner Vitalität im hohen Alter was sich ja durch die Falten in deinem Gesicht zeigen wird. Diese Veränderung passiert Tag und Nacht aber wir können sie nicht erkennen. Ananda, wenn das nicht Du bist, warum verändert sich dein Körper, ? Aber wenn das Du bist, warum kannst du die Veränderung nicht sehen. ? Deswegen, solltest Du wissen das jede Unterscheidung nicht in dem Moment eines Gedankens aufhört. Das ist das vierte Stadium des versteckt sein, deines falschen Denkens .

Falschheit
des fünften Aggregat
das Bewußtsein

Wenn dein reines, helles, tiefstes und subtilstes Bewußtsein, permanent ist, warum, geht es dann nicht über das Sehen deines Körpers hinaus. Das Hören, Fühlen, und Wissen? Wenn es real wäre sollte es sich nicht erlauben durch deine falschen Gewohnheiten beeinflußt zu sein. Vor langer Zeit sahst du unnormale Dinge aber dann vergaßt du sie wieder. Warum erinnerst du dich dann so intensiv an sie wenn du sie nun wieder siehst? Das zeigt das die Kontamination deines klaren stillen Bewußtseins weiter geht, Sekunde nach Sekunde, in ungebrochener Kontinuität, wie kannst du das feststellen? Ananda, du solltest wissen, das dieses Bewußtsein immer noch nicht die Realität ist und wie ein Fluß noch fließt aber bloß aussieht als ob er still wäre.

Wenn du den Fluß nicht fließen sehen kannst, bedeutet das nicht das er aufgehört hat zu fließen. Wenn Bewußtsein nicht die Quelle von falschem Denken wäre, wie kann es dann beeinflußt werden durch falsche Gewohnheiten? Wenn du es nicht schaffst die einheitliche Funktion von all deinen sechs Sinnesorganen zu erreichen, kann dein falsches Denken nicht zu einem Ende gebracht werden. Deswegen, hinter deinem Sehen, Hören, Fühlen, und Wissen, da ist eine Kette von subtilen weltlichen Gewohnheiten und innerhalb deines Bewußtseins da ist etwas welches nicht da zu sein scheint, aber doch existiert und welches das fünfte subtile Stadium deines falschen Denkens ist.

Ananda, alle fünf Aggregate sind durch die fünffache falsche Denkweise erschaffen. Zu ihren Grenzen über die du etwas wissen wolltest, Form und Leerheit sind die Grenzen des Aggregat Form, Empfänglichkeit und Nichtempfänglichkeit die Grenzen vom Aggregat Empfänglichkeit, Erinnerung und Vergessen vom Aggregat Auffassungsvermögen, Entstehung und Vergehen vom Aggregat Unterscheidung, und das zurückkehren des Bewußtseins zu, und seine Vereinigung mit, seiner Substanz, sind die Grenzen des Aggregat Bewußtseins.

Diese fünf Aggregate entstehen indem sie sich eines auf das andere, legen. Sie fangen an durch das Bewußtsein (Mind- Mental) und sollten eliminiert werden mit der Form (Materie). Prinzipiell werden sie alle verschwinden in dem Moment wenn du erwacht wirst, aber praktisch, werden sie allmählich beseitigt wegen der Kraft der Gewohnheiten.

Ich habe dir gezeigt die sechs Knoten zu vereinen mit einem Tuch, und alles dieses sollte eigentlich klar für dich sein, warum-fragst du mich trotzdem ?

Du solltest zu der Quelle des falschen Denkens erwachen und dein Mental- Mind öffnen, und sie dann Praktizierende im Dharma endenden Zeitalter lehren, so das sie die Falschheit kennen und von sich weisen und so sich über die Existenz von Nirwana bewußt werden. Wodurch sie aufhören können mehr von diesen drei Welten zu wollen.

Ananda, wenn ein Mann Raum füllt in den zehn Direktionen mit den sieben Schätzen und dann bietet er sie dem Buddhas unzählbar wie Staub an, mit seinem Mental- Mind fixiert ihnen zu Dienen ohne Fehler, was denkst du was seine Belohnung sein würde von solch einer guten Ursache. *(So hier geht das also wieder los, den Buddhas zu dienen , so als ob die Buddhas die höchste Gottheit wären , nein, hier fängt wieder an , alles zum Buddhismus zu machen , nein danke, das kann nicht das Ziel der höchsten Gottheit sein, und die Buddhas sind nicht die höchste Gottheit die allmächtige. Es ist ja nun klar was diese Gefolgschaften aus den Hinterlas- senschaften der erwachten gemacht haben, eine Machtreligion und ein Netz von gegenseitigen Grenzen wie Buddhisten, Moslems, Christen , Parsen , Taoisten, und und und Juden, und alles hat ihr Dogmadenken zur Megagrenze gemacht. Aber Buddhismus ist nicht die Wahrheit Christentum auch nicht, Judentum auch nicht, Moslemtum auch nicht. Das sind alles bloße Wirrnisanstalten für Wirrnisempfänger und jene die es werden wollen . Die menschliche Entwicklung ist nicht Buddhistisch weder noch Christlich noch Jüdisch oder Moslemisch.)*

Ananda, antwortete : Raum ist grenzenlos, und die Schätze die ihn füllen können nicht gezählt werden. Wenn ein Mensch nur sieben Münzen zu sieben Buddhas als Ehrerbietung gibt und seine Verdienste führen dann schon zu seiner Wiedergeburt als ein himmlischer Herrscher der Welt, wie viel mehr so ist der nicht limitierte Verdienst erhalten durch den Schatz das die Buddha Länder füllt im endlosen Raum.

Der Buddha sagte: Ananda, die Welt der Buddhas ist nicht trügerisch und falsch. Wenn ein anderer Mann, nachdem er die vier und zehn Sünden begannen hat und nachdem er in die Avici Hölle fiel, im Moment einer Sekunde an die Lehren der Dharma Tür denken kann um sie zu lehren, in diesem Dharma endenden Zeitalter, so werden seine üblen Sünden verschwinden und die Höllen des Leidens werden in glückliche Plätze verändert, denn sein Verdienst wird so viel größer werden als das der Geber dieser Schätze, weil der spätere nichtmal hundert, tausend, hunderttausendfach vom späteren, nein als ein Fakt, kein Vergleich kann zwischen den beiden gemacht werden. Ananda, wenn jemand dieses Sutra liest, das ganze Äon wird längst vorbei sein so groß wird sein Verdienst sein das es garnicht in voll erkannt werden kann. Derjenige der meiner Lehre folgt und sie praktiziert wird frei sein von allen Behinderungen von Mara und wird Bodhi realisieren.

Nachdem der Buddha dieses Sutra beendet hatte, waren alle Mönche, Nonnen, männliche und weibliche Freunde, Devas, Menschen, Bodhisattvas, Sravakas, Pratyeka Buddhas, Rsis, und neu initiierte Geister und Spirits erfüllt mit Freude, erwiesen ihm ihren Dank und gingen wieder.

(Und was ist mein Verdienst für das Übersetzen in die deutsche Sprache dieses Sutras was ja das erste ist wie Buddha angeblich gesagt hatte das nach seinem verscheiden ins Nirwana verschwinden würde. Und nun ca. 2556 Jahre später das erste mal ins deutsche übersetzt wurde. Man , die Verdienste müssen ja phänomenal sein , wenn das so ist.)

Nachwort
und ein bißchen mehr

So, das ist das Ende dieser Übersetzungsarbeit, in der ich wieder sehr gut ersehen konnte das es keinen Buddhistischen Text gibt der einwandfreie Klarheit wiedergibt. Da ja Sidharta der später dann Buddha genannt wurde oder sich vielleicht dann selber so nannte, ich weiß es nicht, kein einziges Wort selber geschrieben

hatte, und erst hunderte von Jahren später etwas von seinen über-
lieferten Reden aufgeschrieben wurde, ist es ohne Zweifel klar
das es keine einzige buddhistische Schrift gibt die dem Sidharta
Buddhas Reden echt wiedergibt, was auch ein Ding der Unmög-
lichkeit ist. Denn wer sich dem Glauben hingibt das Menschen
über hunderte von Jahren solche langen Reden und Lehren
einwandfrei wiedergeben können, der hypnotisiert sich selber.
Immerhin das was da ist, ist schon interessant.
Natürlich ist auch hier gut zu sehen wie die Mönche und Nonnen
oder die Buddhistischen Buddhologen (Theologen) genauso eine
Dogmalogie und Politologie und Machttologie aufgebaut haben, wie
sie später die Christen und Moslems aufgebaut haben oder wie zuvor
schon die Hindus mit ihren verkorksten Brahmanentum die
Brahmanologen.
Alle haben sie schon den Begriff des Lügens in ihren Bezeichnungen
und zwar in der Vergangenheit nämlich Logen. Sie Logen
also.
Der Buddhismus heute ist eine Anzahl von Sekten genauso wie
die Christen und die Moslems und die Judaischen Sekten. Das heißt
das sich jede dieser Gruppen anders betrachten und die Vergangenheit
ihrer Idole anders interpretieren. Ergo, Buddhismus ist nicht die
Wahrheit, Christentum ist nicht die Wahrheit und Moslemtum ist
nicht die Wahrheit und Judaismus ist nicht die Wahrheit. Im Vergleich
zu Buddha oder Mohammed oder Jesus oder Moses sind deren
nun existierende Glaubensgemeinschaften um es genauer zu
formulieren allesamt Heiden. Auch wenn heute die Mode im
Westen da ist, Buddhismus sich reinzuziehen, wegen der Enttäu-
schung des Christentums was ich gut nachvollziehen kann, so ist
aber auch der Buddhismus genauso in Wirrnisse verwickelt, und
Ignoranz und Mord und Staatsgewalt und Politischer Machtor-
gie wie jede andere dieser sogenannten Religionen auf der Erde,
bloß über den Buddhismus ist das nicht so bekannt, aber die
Tibetischen Buddhistischen Sekten sind genauso Machtorientiert
wie alle anderen Religionsführer.
Es wurden viele Schamanen umgebracht, und es wurden Systeme

aufgebaut die konsequent den Reichtum der Buddhistischen Sekten, wenn sie die Massen benebeln konnten, aufgebaut hatten. Es darf ja nicht vergessen werden, sich Buddhist zu nennen ist einfach oder Christ oder Moslem oder Brahmane, oder Rabbi, aber da ist immer noch der Mensch mit seinen vielen unbefreiten evolutionären Schichten, und so bleibt es bei fast allen bloß beim Glauben ein Buddhist zu sein ein Christ zu sein und so weiter. Die Resultate sind heute weltweit gut sichtbar. Der Dalai Lama kann dir nicht helfen, den können wir eher helfen. Die Brahmanen in Indien das sind bloße Schriftgelehrte und keiner von denen heute hat das Brahma den Brahma echt verwirklicht. Unter den Christen gibt es keinen Christus keiner von denen hat das heute verwirklicht. Sie sind bloße Gläubige geblieben. Das gleiche gilt für die Moslems und deren wahnsinnigen Mullahs die sogar Morden in ihrem Repertoire haben im Namen Gottes sogar, man muß das ein Mordsgott von denen sein. So wie der wahnsinnige Jehova der Rabbis, der Völker Plattmordete und ausrauben ließ und Frauen vergewaltigen und deren Schätze der plattgemachten Völker rauben ließ. All das ist nicht die Wahrheit sondern Wahrheitswahnsinn. Zu Sidharta Gautamo Buddha vom Shakyamuni Clan, zu blöde das er so blöde war das Problem vom Altern und Sterben zu haben, so dumm war der noch, das nicht zu wissen was das bedeutet, das war sein Problem, und nun laufen auf der Erde Buddhisten herum, die wohl auch sein Problem haben, so dumm sind, das nicht zu wissen, oder aber die wissen nicht was sie da tuen und folgen blindlings etwas was sie garnicht als Problem haben. Da ja der Buddha in Wahrheit garnichts erreicht hat, denn zu dem was er Ermeditiert hatte sagte er ja selber das war er schon immer. Und nun hat er, nein, buddhistische Freunde dieses Schreibmonster hinterlassen, die Buddhologen, genau das gleiche was die Theologen hinterlassen haben, das mich garantiert daran hindern würde da durchzublicken, aber glücklicherweise habe ich nicht das Problem Sidhartas Shakyamuni, denn für mich ist das Alter und das Sterben kein Problem, und da gibt es auch nichts zu Lösen oder zu erkennen, denn das ist der natürliche Lauf der Dinge oder der Göttlichen Schöpfung oder des Göttlichen. Die Buddhisten obwohl sie selber der Buddha sind oder die Christen obwohl sie selber der Christus sind, haben sich in die Falle der Komplexität eingefangen und können sich so leicht nicht davon lösen. Mir selber ist es völlig gleichgültig ob ich Vierziegbillionen mal wiedergeboren werde oder garnicht mehr. Das Abenteuer ist sowieso unendlich. Und jede Wiedergeburt ist ein neues frisches wunderbares Abenteuer mit all seinen Wetterbedingungen.

Ich weiß das ich göttlich bin. Für diejenigen die es schwer haben und sich in Religionen retten wollen wo sie sich bloß verzetteln werden, weswegen, weil die göttliche Evolution, ganz andere Wege geht, als die menschlichen Religionen mit ihrem Kommando für andere Orgien, denn jeder Mensch durch das Wachstum seiner Intelligenz und Wachsamkeit und Denkfähigkeit, untersteht nämlich bloß dem höchsten Göttlichen, und niemand anders, weder einem Buddha noch einem Christus noch einem Mullah oder einem Rabbi oder einem Brahmanen und soweiter. Religion oder Religio oder Yoga was beides verbinden bedeuten soll, denn die Bedeutung wurde ja von einem Mensch gemacht für seine Sinngebung, nicht für deine Sinngebung, ist schlichtweg falsch oder Unwahrheit, denn die die behaupten dich mit Gott zu verbinden die täuschen dich, daraus entstehen dann die alles kaputtmachenden Zwischenhändler die absahen wollen, oder die Priester egal welcher Religio, denn es ist totale Unwahrheit, das Gott jemals von dir oder mir getrennt wäre, das ist rein Logisch totaler Unsinn. Und weiter, aus dem Göttlichen kann nur das Göttliche entstehen.

Diejenigen die heute mit Erfolg versucht haben und es auch so proklamieren wegen ihrer Geldmacht und Rassenmachtziele und die verbreitet haben, das die Wissenschaftler erst immer alles beweisen müssen, die Illuminaten oder einfacher die reichsten Gruppierungen auf der Erde in Bezug zum Geld und Rohstoffen, die haben die Denksäulen aus den geistigen Lehren nehmen wollen, um der Wissenschaft sozusagen Massensuggestionskraft zu geben, weil die Wissenschaftler ja auf ewig Ignoranz sind und aber auch totale verblödete bleiben werden, denn sie haben ja schön manipuliert; so wie sie wurden, durch ihre Geldgeber, den Ursprung als Nichts oder als Urknallblöde vor sich, Aber wer so immens verkohlt und Saublöde ist zu Denken und zu glauben das aus Nichts überhaupt irgendetwas kommen könnte der sollte mal sein psychopathisches Vermögen verkaufen an Schrotthändler. Deswegen, aus dem Göttlichen kann nur das Göttliche entstehen. Deswegen bin ich selber das Göttliche. Natürlich weiß ich inzwischen wesentlich mehr von mir als bloß diese Worte und diese einfach klare Denkerkenntnis.

Die Evolution des menschlichen geht ja weiter, ebenso seine Erkenntnisfähigkeit, sein Wissen und seine Fähigkeit gutes zu tuen und die Erde zu segnen, obwohl zur Zeit die Balance mehr zum zerstörerischen geht, weil die Ignoranz durch die Religionen und auch die Wissenschaften die wunderbar manipuliert werden durch die Geldreligio der Geldmächtigen, doch mehr vergiftet haben und das synthetische sozusagen als das natürliche echte wahre in den Köpfen der dummen unerwachten reinsuggeriert haben, da sie die Medien kontrollieren.

Und die Medienmitarbeiter bloße Gehaltsempfänger sind die Unwach alles mitmachen. Aber Evolution zum wahrhaftigeren ist unumkehrbar da es zur göttlichen Schöpfung gehört und das Schöne und Gute, mal so formuliert, wird siegen. Oder besser, die Liebe wird siegen, da sie nicht zu töten braucht, nicht zu lügen, nicht zu betrügen, nicht ausbeuten braucht, da sie nicht unwahr ist, da sie nicht auf Geld aufbaut, da sie nicht auf Macht aufbaut, und soweiter. Aber, das wichtigste, da sie nicht den anderen braucht, sondern freigiebig alles geben kann ohne etwas zurück zu wollen. Also kein Geschäft ist wie es in der heutigen Zeit zu totalen Verblödung geführt hat, durch die immense zutiefst unwürdige Selbstverblödung an den Glaube des Geldes. Als ob es ohne Geld nicht ginge. Das zeigt schon das die Menschheit noch weit weit davon entfernt ist Wahrheit zu leben. Aber es wird kommen. So, heute 2003 nach christlicher Auffassung oder erst im 13. Jahrhundert nach moslemischer Auffassung, denn die sind tatsächlich erst im Mittelalter, und machen die gleichen Fehler wie die verrückten Christlichen Kirchen als die im 13. Jahrhundert waren und ihre Religionskriege hatten, und Menschen verbrannten und folterten, und wo sich total bekloppte Päpste also Raubsäugetiere, dazu ernannten unfehlbar zu sein oder sogar der Stellvertreter Gottes auf erden, was für ein Wahn die lebten und andere mußten diesen Wahn mit dem Leben bezahlen, genau das gleiche passiert heute mit dem Moslem Wahn, die sind erst im Mittelalter die religiösen Fanatiker, denn Religion ohne Liebe ist Fanatismus. Das gleiche wird ja von den christlichen Sekten gelebt, aber kann auch auf alle anderen Formen oder Gruppierungen angewendet werden, Politik ohne Liebe ist Intoleranz ist Heuchlerei ist Fanatismus. Oder Menschen die sich Politiker nennen aber in Wahrheit noch Raubsäugetiere sind, stellt euch vor welchen Gedanken und Gefühlskomplexen die noch ausgesetzt sind, wie die noch vom gierigen und machtgierigen und damit totaler Täuschung besessen sind, weil es einfach nicht anders geht in denen. In deren Abläufe, weil die ja noch vom Töten leben, sie fressen ja noch die Leichen der Tiere die für sie getötet wurden,. und es ist glasklar, und mehr als das, wer noch vom Töten andere Tiere lebt und das sogar organisationsmäßig betreiben läßt, den könnte ich im relativen Sinne und im absoluten sowieso, noch nichtmal als Mensch bezeichnen, der ist noch ein Raubmensch oder Heide. Das muß klar erkannt werden. Die Zusammenhänge und weswegen dann keine wahrhaftig menschenwürdigere Politik gemacht werden kann, weltweit. Die Meister sind weg, Jesus ist weg, der konnte aber nur seine eigenen Gefolgschaft retten, mal so formuliert, befreien, helfen zu wachsen und zwar im Rekordtempo, Buddha ist auch weg, genau das gleiche passierte mit denen die damals von ihm eingeführt wurden, und Mohammed ist auch weg, und so weiter. Heute sind zwar auch Meister auf der Erde in unterschiedlicher Entwicklungsform, aber wen kümmert das noch, sagen wohl die meisten.

Ich selbst bin ja von einer Meisterin in eine Meditationsform eingeweiht worden und werde sehen was daraus wird. Aber bevor ich das 1993 tat, da wußte ich schon das ich das Göttliche bin, und hatte auch schon dementsprechende Erfahrungen und einiges mehr. *(Heute am 10.6.2015 während ich diesen Text neu setze und gestalte-habe ich meine Meditationsarbeit mit der Methode dieser Meisterin auf-*

gegeben-denn nach 23 Jahren Arbeit mit dieser Meditation habe ich bloß Kopf-schmerzen bekommen-mehr nicht-da mache ich lieber weiter mit meinen eigenen Erkenntnissen und Meditationspraktiken-die zu mir passen. W.Schorat)

Der Buddha Sidharta der hat meine Achtung, aber das sind wir alle selber, der Buddha, das Göttliche. Aber der Buddha ist nicht die höchste Gottheit. Obwohl wenn ich mir die Terminologie der buddhistischen Schriften ansehe die dann auch so weit gehen und bis zur Begriffslosigkeit kommen, wo dann der Ein-druck entsteht, das wäre dann sozusagen alles, da gäbe es nichts mehr, dann ist bei mir Ende, in Bezug zum Mitlesen, denn die Buddhas sind ja eine Vielzahl, sie sollen ja unzählbar sein, und das sind eben in einer anderen Terminologie die Gotteskinder Söhne oder Töchter.

Aber das der Buddha die Gotteskinder ja noch erschaffenen Kreaturen sind, egal ob sie nun Formlos sind und mit al-len Merkmalen der allerhöchsten Fähigkeiten ausgestattet sind, so bleiben immer noch unaussprechbare und über den Dharmakaya hinausgehende, die Allmächtige Buddhaheit oder die Allmächtige Gottheit oder die Allmächtige Brahmaheit oder die Allmächtige Allahheit. In der Göttlichen Schöpfung ist schon das Poliermittel um den Diamanten zu schleifen drin, das ist die Reibung zwi-schen unangenehmen und angenehmen, egal auf welches Aggregat angewendet, und über die unzähligen Wiedergeburten angewendet wird jeder aber auch jeder seinen Diamanten zum Leuchten bringen, und zwar ganz alleine im ununterbrochenen zusammenwirken seiner Tätigkeiten die er tagtäglich macht. Und so mit den Folgen seines Tuns konfrontiert wird. Das ist eben Karma oder Parmaschinken.

Der Buddha beschreibt alles aus der Perspektive seiner Buddhaheit, gut das war sein Ding, sein Problem, bis er dann zum Göttlichen seines Wesens kam, und er erkennt auch nur das an, und alles andere, alle anderen Aggregate wie Form oder Bewußtsein und soweiter werden verneint, das muß zwar so aus seiner Sicht sein, um einzig und allein auf dein Göttliches Wesen hinzuweisen, aber trotzdem, alles was verneint wird ist doch da, und mit dem wird auf der

Erde und anderen Erden und Welten Evolution gemacht. So du bist das Göttliche und versuchst dir das Leben hier angenehm zu machen und niemandem zu schaden, und frei von sogenannten Fehlern zu sein, die alle in Bezug zu der Erschaffung des Körpers stehen, denn du gingst ja durch zuvorige andere Formen und Wesenheiten, wie Pflanzen, Atome, auch wenn die Pflanzen und Atome und die Tiere und so weiter das nicht sind, sondern bloß so genannt werden, trotzdem, mußt du mit dem leben, hier auf der Erde, und du warst auch eine Zeitlang ein Tier mit all seinen Eigenschaften, du hattest einen tierischen Körper so wie der menschliche Körper noch tierisch ist, aber er wird im laufe der Evolution immer untierischer werden und sich von dem wie er heute ist völlig verändern, um noch mehr das Göttliche zu leben und durchkommen zu lassen, und diese tierischen Eigenschaften, die trägst du mit dir und die gilt es zu erkennen und loszulassen.

Die Lehren der Meister und die Gebote wie die zehn Gebote oder der achtfache Pfad von Buddha oder die Regeln von Jesus die so einfach sind, das sind alles ja bloß Angleichungen an die kosmische größere Wahrheit, die dann dadurch erlangt wird, auch ohne Meditation ohne Praktiken, ganz von selbst. In meiner eigenen Entwicklung und Leben hier auf der Erde, hatte ich als Kleinkind eine starke Affinität zu Jesus, und ich hielt seine Weisheiten für wichtig, was auch immer noch so ist, später ebenso mit Buddha und anderen Erwachteren oder Meistern oder Menschen. Aber es kam dann auch eine Zeit wo ich all das als Belastung empfand, die Lehren von Buddha oder den Buddhisten, oder selber Jesus, oder sogar der Meisterin die mich initiierte, und ihr Licht und einiges mehr zeigte und viel gutes für mich tat. Es kommt immer wider das ich mich auch davon befreien will und loslösen, da es ein Wiederspruch ist das Göttliche zu sein, und dann sich deren Regeln und Vorschriften anzupassen. Und es gibt viele Schwierigkeiten im Meditativen Weg, das hat der Buddha ja selbst schon in dieser Schrift erwähnt. Denn das Göttliche das ich bin ist schon frei ist schon glücklich ist sogar Glückselig und zwar endlos. Das habe ich selber von mir erfahren. Ja ich kann sogar von mir sagen das ich das Heilige bin, das Heile, und das ist in

Wahrheit jeder, jedes, alles. Hier entsteht die Diskrepanz zu Buddha der bloß seinen Buddhaweg als einzig wahr sieht, aber was bleibt dem auch sonst übrig, das war ja sein Leben, und jeder kann nur über das reden was er gemacht hat, und was er erreicht hat, und ich sehen das diese Religionsgruppen mit ihren Dogmazielen, dann ihre Regeln aufbauen, die ja von denen gemacht werden die gar keine Erfahrungen haben, sondern bloß viele viele Worte im Kopf gespeichert haben und Gesetze die sie als Wahrheit vermarkten, was unwahr ist, denn es sind bloße selbstgemachte Menschliche Fiktionen, mehr nicht. Aber was wichtiger ist, hinter all den Gesetzen seien sie nun buddhistische Dogmas Christliche, Moslemische, Jüdische und soweiter steht bloß eines, nämlich Abgrenzung und Intoleranz, und diese Intoleranz wird heutzutage auch im wirtschaftlichen und politischen und soweiter, ganz konkret im physisch menschlichen, als Recht vermarktet oder weiter noch als der Rechtsstaat. Was aber bloß Intoleranz ist die sich dahinter versteckt.

So die Menschen sind heute noch nichtmal über die Intoleranz hinaus gekommen oder haben sie verdaut und verarbeitet. Aber der Mensch das ist eine Tatsache, macht im laufe der Zeit ständig Fortschritte. Obwohl in diesen Demokratien Kräfte wirken die genau das verhindern wollen da sie nun immense Systeme aufgebaut haben die sozusagen als die Wahrheit sich darstellen was aber bloße tierische Vorteilssysteme sind und nicht die Wahrheit sind.

Aber die Wahrnehmungsfähigkeit wird immer besser und es kann einfacher zwischen dem üblen und dem guten unterschieden werden, was ja laut Buddha alles noch Illusion ist.

Aber das ist total unwichtig. Denn die Grenze zwischen dem Üblen und dem Guten ist eine Wandergrenze sie bewegt sich. So das Gebiet des üblen kann weniger werden. Oder das tierische im Menschen aus seinen zuvorigen Evolutionen. Was früher als Teufelswerk egal welcher Religion betrachtet wird und heute zbs. im Moslemfanatismus noch so ist, das ist heute eine Bagatelle. Und die Bestrafungen die Höllen das ist alles schlichtweg das tierisch-menschliche Mental das unklar ist und die Wahrheit nicht erkennen kann oder auch nicht will, wie zum Beispiel im Geldadel oder den Illuminaten und deren Strategien. Aber die Gefühlsfähigkeit, die Intelligenz und die Intuitionsfähigkeit wird größer und dadurch entwickeln sich nämlich oder kommen zum Vorschein, deine höheren Fähigkeiten die alle schon latent da sind. Denn du bist schon das Heilige, auch wenn die Buddhisten Mönche das als Übel sehen. Aber hier ist die Sichtweise einer Zwiebel zu nehmen, du bist im Mittelpunkt der Zwiebel und erwachst langsam zu all den Schichten der Zwiebel die du noch bist, ja, hin bis zum höchsten Göttlichen.

Die Klarheit der Einsicht in dir selber ist ein stetiges evolutionäres Aufwachen und Reiben zwischen den Gegensätzen von angenehm und unangenehm. Wo aber auch dann das Angenehme als unangenehm erscheinen wird. So wie andauernd Champagner zu trinken oder was auch immer zum unangenehmen wird, und eine weitere Phase nämlich in das unangenehme eingeläutert wird. Da die Menschen sich von den Wahrheiten der Erleuchteten und Meister eine Zeitlang nähren konnten und ihre Intelligenz sich entwickelte die nun weit über das Dogma jeglicher Religionen hinausgegangen ist, die dabei sind Relikte der Vergangenheit in der Gegenwart zu sein, kann ich heute nicht mehr mit dem alten Aberglaube und deren Dogmawirrnissen leben, die verblöden meine Wachheit und Klarheit also laß ich das hinter mir.

Das sogenannte Böse ist auch eine wichtige Funktion in der Entwicklung zu mehr Wahrheit und Klarheit oder das unangenehme Gute und das angenehme Gute, durch die Reibung die dadurch entsteht, und vor allem durch die Bewußtwerdung durch die Taten die da begangen werden, und die derjenige dann erleidet, solange bis er innerlich damit aufhören will. Dann kommt das Karma im nächsten Jahr nicht mehr sondern geht an dir vorbei. Das ist die bedingungslose Liebe des Göttlichen. Du hörst auf mit deinem Schwachsinn dem Morden dem Betrügen dem Ausbeuten und schon wird der Kreislauf unterbrochen. Beim Buddha gibt es nur reines Abzahlen, das nicht Kausale ist bei ihm nur wenn du als Buddha da bist, weil du dann darüber erhaben bist, aber das allmächtige Göttliche würde doch seine Geschöpfe nicht in die ewige Avici

Hölle senden bloß weil er oder jemand annimmt er sei ein Heiliger, dieser bodenlose Schwachsinn. Das ist der Unterschied zu den Erleuchteten und den Meistern, die ja nicht das absolute Göttliche sind. Letztendlich gehts in die Richtung von - Ich bin die Wahrheit und das Leben. Das muß jeder leben. Wäre zumindest schön. Denn wer außer du, kann die Wahrheit sein, und wer außer du kann die Wahrheit reden und tuen. Die Buddhas Meister Erleuchteten sind nach wie vor wichtige Wesen aber sie haben es nicht erreicht diese Wirrnisgesellschaften und die Zerstörungen und Ausbeutungen zu verhindern, das können sie auch nicht, weil Gottes Plan anders ist, und die Buddhas sind bloß Steinchen dadrinn nicht mehr und nicht weniger.

Aber das Buddhawerden das Meisterwerden das Göttlich werden das zu erkennen das liegt schon im Schöpfungsplan der Entwicklungsspiralen die durchlebt werden, dieser ewige Kreislauf der Wiedergeburten den Buddha als Leiden beschrieb, der aber bloß eine Phase ist und die auch Freude und Abenteuer und Liebe und Genuß und unbeschreibliche Schönheit ist und Trauer, eben Abenteuer. Die Aussage von Buddha das alles Leben Leiden ist, das ist Quatsch, weil ich als Wesen hier bin der das wunderbar widerlegen kann durch mein eigenes menschliches Leben. Was wäre das auch für eine Gottheit ein Masochist ein Wahnsinniger ein bekloppter Vollidiot mehr nicht, wenn alles Leben Leiden wäre. Aber die Begierde nach Materie ist gigantisch und dadurch erlebst du als Mensch dann die höchste Trennung von dir selber und dem göttlichen. Der Geldwahnsinn der überall das primitive des Menschen wunderbar zum Vorschein bringt sogar mit Doktortitel und Professoren Gelaber, ist immens und zeigt wie verblödet die Menschen egal welcher Bildung auch immer und welcher Rasse, noch sind. Die Gefängnisse die sie sich aufgebaut haben und die Selbstverblödung an die sie nun glauben sich halten zu müssen ist schon beschämend beeindruckend und hat Weltformat an Ignoranten die da herumtaumeln entstehen lassen.

Aber das Lichte wird heller. Die Menschen durchschauen auch diese sich nun als selbstverblödendes Gefängnissystematik gut aufgebaut von den Negativgeistern die die gesamte Weltbevölkerung durch ihren finanziellen Reichtum an der Nase herumführen und sie für ewig in diesem Kreislauf hätten, was aber nicht passieren wird, und sie werden sich irgendwann davon befreien und es wird die Wahrheit und nicht das Geld zum Leben da sein.

Was hat Buddha also für einen Weltimpuls hinterlassen was für ein Licht, das du das göttliche bist und wie du das erkennen kannst, oder in deren Terminologie, das du der Buddha bist. Und Jesus sagte auch: Das was ich kann könnt ihr auch. Das heißt das du das Gleiche bist in deiner Individualität und als das göttliche Individuum. Die Welterlöser, und damit die Selbsterkenner, sie haben durch ihre eigene Entwicklung in der sie schon weit fortgeschritten sind und waren, einen solchen Einblick und Icherfahrung erhalten, auch über das gesamte Leben und seine Gesetze, das sie imstande waren die Idealismen zu schaffen und die Wahrheiten wieder zu spiegeln die Menschenkulturen aufgebaut haben.

Messias oder Buddha oder Welterlöser das ist alles das gleiche. Dadurch kann die Primitivität der bestehenden Kultur verlassen werden mit ihrem Wahnsinn und Aberglauben und Aberglauben- Gesetzen der Unvernunft und des Ausbeutens derjenigen Machtgruppen die das Sagen sich angemordet hatten.

Und so kann man sich dann vom Leiden der jeweiligen Kultur die veraltet und nicht mehr Zeitgemäß ist befreien. Durch die Hilfe der Buddhas oder Jesus oder Mohammed oder Krischna oder alle anderen Erwachteren. Laut Martinus gab es ja auch die finsteren Welterlöser, weil der Mensch dann noch so tierisch war und völlig andere Wertmaßstäbe galten, kurzum wo Morden und Totschlag und dergleichen eine Heldentat war, was heute bloßes Überbleibsel von Raubtierevolutionen ist. Die predigten sogar das Prinzip zu töten.

Das waren deren Erleuchtete, Erwachtere. Und dann kamen die Lichten Welterlöser wie Buddha und Jesus die Liebe predigten. Was genau garnichts mehr mit Töten zu tuen hat. Und darin sind wir nun in diesem Zeitalter wo das immer mehr verschwinden wird. Auch die Nahrung die auf Töten aufgebaut wird, das Fleisch der Tiere wie

Kühe, Schweine, Fische, Hühner und soweiter. Das gehört alles noch zum Dunkelzeitalter der vorherigen Raubmenscherwachten Wahrheiten, die konnten ja nicht anders da ihre vorherrschenden Kräfte und Gedanken töten mußten um zu überleben. Was heute nicht mehr der Fall ist. Im Gegenteil heute in der Verfeinerung des menschlichen und damit seiner Intelligenz und Bewußtwerdung ist das Wesen von tötenden Wesen eine Verdunkelung und Evolutionär nicht mehr förderlich.

Diese Welterlöser wie Buddha oder Jesus, wie ja auch in dieser Schrift gelesen werden kann, wollen angebetet und verehrt werden, ich selber denke das ist bloße Buddhismus Strategie der Mönchsorden die sich ein Leben im laufe der Zeit damit aufgebaut haben so wie die christlichen Management Organisationen oder andere religiöse Organisationen und deren Nutznießer die Mullahs die Brahmanen die Priester die Päpste die Rimpotsches die Rabbis und soweiter, das sind alles Geschäftsorganisation, mögen sie noch so viel blah blah blah Gott über alles dudeln. Also diese Buddha Anbetung sage ich mal das hat der Buddha niemals gesagt oder auch nicht Jesus, überhaupt die Anbetung das ist Ungöttlich, es ist schlichtweg Götzenanbetung, denn die Heiligen oder erwachten sind nicht die Allmächtige Gottheit. Und wer jemand anders anbetet außer das wirkliche Allmächtige Göttliche der betet sozusagen Götzen an.

Und über die Jahrhunderte und Jahrtausenden hat sich solch ein Aberglaube und ein Wulst von Mythen und Sagen aufgebaut, das sie letztendlich sogar als reine Gottheit dargestellt wurden von ihren späteren Nachfolgern. Was mehr hinderlich geworden ist als nützlich.

Aber heutzutage sind die Menschen schon wacher und sie stellen sich direkt auf das höchste Göttliche ein, was auch das beste ist. Und das ist der Weg und die Wahrheit. Das ganze Brimborium der Priestersekten und Kasten wird so bloß ein Relikt vergangener Zeiten und wird aussterben. Das Bewußtsein der Menschen ist glücklicherweise so wach. Hoffe ich zumindest. Aber diejenigen die innerhalb der Religionen herumwechseln vom Christentum zum Buddhismus oder Islam, Moslems, oder Judaismus, die machen einen riesen Fehler, sie verpassen die Chance ohne Bevormundung der Managementorganisationen zu leben und direkt, ja, den direkten Kontakt zum Göttlichen in sich aufzubauen, denn die Intuition ist dein direkter Kontakt zum Universalbewußtsein, dem Bewußtsein des All mächtigen Göttlichen. Wohlbemerkt bloß das Bewußtsein nicht das Allmächtige selber. Die haben nicht dem Mut zu sich selber zu stehen, weil sie wohl noch nicht genügend über sich und das Göttliche nach oder Vorgedacht haben.

Wer von einem Altertumsrelikt zum anderen Altertumsrelikt wechselt der bleibt innerlich im gleichen Dilemma.

Denn die Erwachung geht direkt nicht über Vermittler, und so wie das Leben direkt ist, ist auch die menschliche Verbindung direkt zum göttlichen Bewußtsein. Ich habe mich viele viele Jahre mit Religionen beschäftigt, auf der Suche nach Wahrheit, viele viele Bücher gelesen, das östliche Potenzial der Veden, der Hindus, dann die buddhistischen Schriften, die Meditationsformen, die Praktiken, die chinesischen Meister, die japanischen Zengedanken, und Praktiken, die christlichen Heiligen und Jesus, die griechischen Philosophen, und Erleuchteten, Sokrates, Pythagoras, die ägyptischen Lehren, und die jüdischen Schriften bis hin zu Enochs Schlüssel und so weiter, aber nur ein lebender Meister ist träger größerer Kräfte, um die es mir nie im Leben ging um Power, oder um Fähigkeiten egal welcher Art, mir ging es nur darum zu erkennen wer und was ich über meinen vergänglichen Körper hinaus bin.

Und nun weiß ich das ich das unsterbliche ewige bin. Ich will den Buddhismus und das Christentum und das Judentum und das Zentrum und das Hindutum und das Moslemtum überhaupt alle Religionen mit diesem Nachwort hinter mir lassen damit ich wieder einen freien Kopf bekomme und meine Schönheit und Freiheit und Liebe leben kann. Denn deren Wulst von Regeln und Worten und sogenannten Gesetzen sind bloße Mindblocker und Kreativitätsbremsen, keine Inspiration keine Jubelgesänge keine Ekstasen der Freude oder Umarmung des Lebens es ist eine Last geworden für mich und die Menschheit diese Gedankenwelten der Aufrechterhaltung des alten und unzeitgemäßen Seins. Diese Relikte der Saurierzeit des Menschen. Wenn heute ein lebender Buddha oder höchster Meister zu den Buddhisten kommen würde oder den Christen, insbesondere deren Chefs also dem Papst den Kardinälen oder den Brahmanen oder Mullahs oder den Dalai Lamas, die würden den nicht erkennen und würden ihn in ihre Avicihölle senden, weil sie nicht mehr wissen was Wahrheit ist oder sein könnte. Und ihre Gewohnheitsnormen für sie die Wahrheit geworden sind. Sie würden Jesus zur Hölle senden die Päpste diese Blutsbande der Mord und Machtbanditentums, oder die jüdischen Geldrabbis oder die Buddhistischen Dalai Blahh Blahhs, und die Mullahs, die würden den Träger größerer Wahrheiten verneinen und so weiter. Diese Relikte der tausendjährigen Traditionen sind genauso wie die Bürokratien in den Ländern ein Last für die Menschen geworden, und verursachen bloß Leiden, sozusagen das ist nun das reifen des Karmas das sie sich aufgebaut haben, in den Worten Buddhas.

Heute ist es wichtiger zu sich selber zu stehen, egal was kommt, egal wie ich bin, das hat alles Sinn und Bedeutung, und wenn nicht, dann hat es eben keinen Sinn und Bedeutung und dementsprechend ist das Leben desjenigen dann. So .

Ein Dalai Lama den ich oft als Dalai Blah Blah sehe so wie der sich gibt, oder ein Papst oder viel schlimmer noch ein Mullah als Satansbraten, oder verlogener Brahmane, keiner von denen kann dir in Wahrheit helfen wenn du echte Hilfe brauchst, das kann nur das Göttliche.

Und der Papst zum Beispiel der sich als unfehlbare per Schrift-stück und Wort abstempeln läßt oder sogar Stellvertreter Gottes auf erden, mein Gott, was muß das dann für ein blöder Gott sein der so eine Machtmanagementtruppe als sein Stellvertreter hat, auf den Gott scheiß ich wenns sein müßte. Verblöden kann ich mich auch selber dazu brauch ich keinen Papst der das dann im Namen Gottes auch noch macht.

Gestern habe ich nochmal das Diamant Sutra gelesen. Das Sutra ist ein Betrug am Menschen der ja Göttlich ist. Dieses Betteln nach

Aufmerksamkeit diese Buddhas der das angeblich gesagt haben soll, und dann die Aussage : Wenn jemand diese Schrift nur 5 Zeilen davon auswendig lernt und sie dann weiter lehrt, und was der dann dafür von den Buddhas alles bekommt, *(Das kann Buddha nie gesagt haben,denn die Schrift wurde ja erst hunderte Jahre später für die buddhistischen Texte festgelegt)* jedenfall bloß dafür bekommt er die Belohnung von Anuttara-Samyak- Sambodhi, also schaute ich nach was das bedeutet. Es bedeutet Vollkommenen Universelle Erleuchtung.

Ich denke diese Schriften sind Betrug der Mönche die sie schrieben und nun eine Werbekampagne gemacht haben um Gläubige vertrauensvolle zu fangen damit ihre Sekte wächst und das Wachstum der Lebensunterhalt gesichert ist. Oder auch im Diamant Sutra,: Wenn diese Jünger den Inhalt dieser Schrift *(Wieder Schrift, aber Buddha hatte nix mit Schrift zu tuen, und auf das Gedächtnis der Menschen von damals ist kein Vertrauen, aber immerhin , ich bin froh das zumindest noch das übrig ist was da ist, trotz aller Fehler und Manipulationen des Mönchsordens, ob die nun wohl auch in die endlose Avici Hölle kommen oder schon sind , denn das Braten ist ja endlos bei denen wie beim Christentum, das wohl da abgeschrieben hat.)*

Also wenn sie ernstlich und vertrauensvoll diese Schrift also das Diamant Sutra studieren, den Inhalt befolgen, und aus diesen Gründen von den Leuten verachtet werden, so wird ihr Karma-schinken, sofort zum Parmaschinken, und es wird sofort reifen und sie werden augenblicklich die Anuttara- Samyak- Sambodhi erreichen, also wieder vollkommene universelle Erleuchtung.

Diese Schrift und Schriften sind Betrug der Mönchsorden an die Menschen und mit dieser mentalen Wirrnis gehen die Lamas und Rimpotsches auf Weltfang. Hier ist das gleiche schon 500 Jahre vor Jesus zu sehen und zuvor war es ja das gleiche mit dem verkommenen Brahmanen in Indien und ihren Vedenzauber, die Buddhologen, oder Theologen oder Bramalogen sind Vertreter eines Lügengespinstes, so wie das Christentum der Theologen und ihrer Denkkoruptionsgebäude. Ich brauche niemand anders der für mich denkt. Ich bin hier, und ich bin kein Buddhist weder noch ein Christ oder Moslem oder Hindu oder Jude. Ich bin keine Religion. Ich bin religionslos und bloß der höchsten Gottheit zugetan nicht mehr nicht weniger. Hier müßte ich gleich schreiben : Warnung an nicht Praktizierende. Oder weiter aus dem Diamant Sutra,: Wenn diese Jünger fähig werden diese Schrift eifrig vertrauensvoll zu studieren, *(Die gab es damals doch garnicht)* und zu befolgen, sie anderen zu erklären und im weiten Umkreis in Umgang zu bringen, so wird der Tathagata sie erkennen und unterstützen, und sie werden ein Verdienst über alle Massen und Berechnung erwerben, ein Verdienst unbegrenzt und unbegreifbar. *(Damit,mit Begriffen die das höchstmögliche und alles andere an Begriffen ausschaltet war der Buddhismus ja der Denkausblendekaiser)* Solche Jünger werden dem Tathagata dessen Last von Mitleid tragen helfen. *(Was für ein bodenloser Schwachsinn und welche Ausbeutung als Zeitungsträger und Newsverbreiter von den Gutgläubigen)* und dessen Belohnung ist Anuttara- Samyak- Sambodhi, also wieder Universelle Erleuchtung, und das nur durch Vervielfältigung des Diamant Sutras, und wo sind nun diese universell erleuchteten Diamant Sutra Verbreiter. Buddhisten, Christen und Judaismen oder Hindus, oder überhaupt Religionen, sie sind nicht authentisch mit sich selber, sondern bloße Relikte der Akkumulation der Vergangenheit. Wenn du als Mensch heutzutage immer noch keinen Mut hast zu dir selber zu stehen, du selber zu sein, dann bist du bloß ein schwaches Licht der Nachahmung anderer. So mit dieser Aufgabe das Surangama Sutra das erstemal in die deutsche Sprache zu übersetzen, bin ich nun beendet, aber zur gleichen Zeit lasse ich für mich auch den Buddhismus los das Christentum war ja sowieso schon kein Thema mehr für mich und andere Religionen sowieso nicht. Ich bin froh diese Wirrnisspektakel des Wahnwirrnisskunstgebäudes dieser subtilen Fanatiker der Macht über Menschen haben wollen, ein fröhliche Adele und Tschüss oder good bye oder Arrividertschi oder Adios zu sagen. Denn wie Buddha schon sagte es gibt nichts nirgendwo irgendwie irgendwann zu befreien oder zu erlösen. Das sind alles bloß Worte und Worte sind reine Fantasieprodukte und das Atom wird bloß Atom genannt aber es ist kein Atom. Deswegen habe ich in Teil eins des Surangama Sutras auch Nelson Mandelas Worte eingefügt, auch er erinnert an deine eigen Größe, deswegen erkenne deine eigene Größe. Hier sind einige Worte der Meisterin Ching Hai: Erkennt eure eigene Größe .Ich hoffe nur ihr erinnert euch daran. Was auch geschehen mag, ihr seit größer als das was geschieht. Nichts in dieser Welt ist größer als wir. Nichts i m gesamten Universum ist größer als wir selbst. So laßt euch durch nichts sei es gut oder schlecht, davon abbringen, euch selbst zu erkennen, und das ihr groß seit. Eines Tages werdet ihr es erkennen.

Und wenn ihr es einmal erkannt habt, könnt ihr es niemals wieder verlieren. Niemand kann es euch stehlen, nichteinmal der Tod, oder Gewaltdrohungen, Macht, oder Gefahr, nichts kann euch das nehmen. Das ist sehr wichtig . Selbst wenn ihr durch Geburt groß seit, seit ihr doch schon ursprünglich groß, ihr wißt es nur nicht. Und dazu sind wir hierher gekommen um das zu erkennen. Es gibt eigentlich für uns nichts zu tuen in dieser Welt. Wenn ihr einmal ins Samadhi eintretet, verschwindet sogar die ganze Welt. Wir sind einfach das Licht. Wir sind einfach Freiheit. Wir sind alles, was so schön, glückselig und gesegnet ist. Wir sind überhaupt nicht der physische Körper, wir existieren nicht einmal. Der Körper existiert garnicht. Auch der Körper deines Nachbarn existiert nicht. Der gesamte Planet existiert nicht. Darum sorgen wir uns nicht, was uns oder diesem nicht existierenden Körper geschieht, laßt uns viel mehr die Wahrheit herausfinden und glücklich sein. Laßt uns einfältig sein und mit Freude der Zeit entgegensehen, da wir uns selbst erkennen, nämlich als Gott, als Freiheit, als das schönste und mächtigste, das wir nur sein können. Dann sind wir nicht einmal " wir ". Ich weiß nicht wie ich es sagen soll. Es ist solch ein wunderbares Gefühl, erleuchtet zu sein, zu wissen, das wir Gott sind, das wir Licht sind, und das wir Freiheit sind. Verwenden wir also unsere ganze Energie darauf, uns darum zu sorgen. Alles andere kommt und geht einfach. Selbst wenn ihr heute schön seit, wer weiß, was morgen ist ? Alles mögliche kann diesem physischen Körper zustoßen. Niemand kann sicher sein, das er zur Zeit des Todes noch schön ist, es sei denn ihr sterbt jung und im Schlaf. Viele Dinge können geschehen. Darum ist der Körper nichts, worauf wir und verlassen können, alles mögliche kann geschehen. Ihr fahrt einen Wagen, geht über die Straße, sogar im Schlaf können sich Katastrophen ereignen, Erdbeben, alles mögliche. Darum sollen wir uns nicht darum sorgen, was uns körperlich geschieht. Sorgt euch darum erleuchtet zu werden, schneller und effizienter, und zwar jeden Tag. Das sollte unser Problem sein. *(Ich will aber kein Problem)* Da wir aber schon die Guanyin- Methode haben, sollte es keine Probleme geben. Wenn wir weiter prakti- zieren, ganz entspannt, so wie man sich einige Stunden am Tag einem Hobby widmet, ist das Resultat sicher. Absolut sicher. Es ist nicht nötig, sich deswegen Sorgen zu machen. Geradeso, wie eine Pflanze wächst, wenn man sie wässert und düngt.

Ok, das war eine Rede der Meisterin Ching Hai, die sie am 18 Dezember 1998 in Los Angeles auf einem 3 Tage Retreat hielt. Wer mehr Infos möchte kann das unter www. Godsdirectcontact. de erhalten. Ja die eigene Größe erkennen. Und dann diesen menschlichen Zirkus der Ausbeutsysteme und deren Nutznießer hinter sich lassen, aber lieber schon vor dem, denn die Wirkungen von Ursachen die seit langer Zeit gelegt wurden, sind einfach zu unübersehbar.

So was fällt mir noch auf zu Buddha. Folgendes, sobald einer nicht wie er denkt, dem, oder denen, wird dann sofort der Untergang gepredigt, die Hölle oder Ketzerblues, das ist also alles das stupide Kirchen Spektakel das ja schon im Mittelalter seinen Wahnsinns Blutzoll geleckt hatte und den die Buddhisten selber auch schon gemacht haben, in der Eliminierung zum Beispiel der Schamanen, die ja bekanntlich freie Wesen sind und ihre eigenen Wege gehen, so für mich ist das typische Faschisten Ignoranz, und für mich bedeutet Faschist das ausleben deiner Raubtierfähigkeiten in all seinen Farben und Möglichkeiten, so wie es die Nazideutschen taten oder die Römer und Alexander der Große, oder Tamerlein, oder all diese anderen wahn- sinnigen Raubtiere mit menschlichem Körper, wie Mao oder viele viele andere die heute in wichtigen Positionen sind sowohl im wirt- schaftlichen als auch im politischen und religiösen, denn das innere Raubtier das muß erst zuende gelebt werden und losgelassen werden, was ja gut sichtbar ist, noch lange lange nicht der Fall ist. Denn sonst würden ja die Verhältnisse in den Ländern himmlischer sein, sonst würden ja die politisch parteilichen Abzockereien und die raffinierten Betrugslügen von Verbänden oder politischen Parteien weltweit mit ihren Abzocken der Massen damit wenige die Profite davon haben oder der Wahnsinn des militärischen und der Wahn der Raffgier nicht so sichtbar sein weltweit.

So für mich sind Menschen hauptsächlich noch Raubmenschen mit all ihren mörderischen Schattierungen. Bei Buddha sind also auch gleich Hölle und Untergang und dergleichen die Folge von anders Denken und anderes Tuen, und das zeigt einfach trotz der Größe auch die große Beschränkung, die ich aber den eifrigen stupiden buddhistischen Mönchen und Managern zu schreibe, denn eines Buddha würdig ist das nicht. Und auch hat ja Jesus nicht diesen Schwachsinn des Christentums von heute oder damals als die Folterkammer Hochkonjunktur hatten, gepredigt, weder noch hat er einen Pivo Papst gewollt und erbaut und soweiter. Wer zum Beispiel bei Buddha nicht die wahre Lehre der Nichtgeburt *(Das ist keine Lehre sondern das ist Wahrheit)* mitmachen wollte oder anders dachte, der ging dann gleich total unter und auch alle die so anders dachten. Und wenn nun Buddha angeblich das höchste erreicht hätte was es zu erreichen gäbe, dann verzichte ich mit einem strahlenden Lächeln gerne auf solche Erreichbarkeit wo das Resultat so ist das es nichtmal Toleranz hat, dann ist das Samadhi Tathagata Ganter Verblödung.

Letztendlich führt Buddhas Lehre nur zu ihm und nichts anderes. Und alles andere ist dann das falsche. Alleine schon diese Aussage zeigt das der Buddha nicht das höchste ist, die Allmächtige Gottheit, die ja in diesem Falle total beschränkt wäre. Dabei sagt er man soll die Fehler der Menschen nicht in den Vordergrund holen. Aber er tut das ja ununterbrochen, indem er ja alles was sozusagen der falsche Geist aus seiner Sicht ist, als Fehler beschreibt, also ist er ununterbrochen die Fehler der anderen in den Vordergrund holend, wer das tut geht ja in die endlose Hölle, wohl er auch, hoho. Das sind eben Geschichten der Buddhisten, diese Buddha

Bücher, aber trotzdem das Licht des Buddha scheint noch durch, trotz der Blödheit von vielem was da gelesen wird. Bei Buddha gibt es ja falsches Fühlen Denken, Sehen Hören und Bewußtsein, also ununterbrochene Fehler die er abgrenzt. Nochmal, dadurch müßte er ja sich selber in die Gucci Avici Hölle werfen.

Mir selber sind die Streitereien zwischen Buddha - Sidharta und den damals tonangebenden Brahmanen - Veden Abzocker egal. Auch wenn der Irrtum in der falschen Lehre, die gewöhnlich von den Philosophen vorgelabert wird, Fett ist, und er darin liegt, das sie nicht erkennen, das die objektive Welt aus dem Geist selbst entspringt, und sie nicht verstehen, daß das ganze Geistsystem ebenfalls aus dem Geist entsteht, aber sie trotzdem die Manifestationen des Geistes als Real annehmen *(was sie ja auch sind , denn aus dem Geist der Real ist, können nur reale Manifestationen kommen)* Und auch wenn sie wie einfältige Leute, die sie sind, *(Laut Buddha Sidharta , oder der Mönche die das schrieben)* am Dualismus hängen wie die Fliegen am Fliegenklebestreifen, und von diesem oder jenem Blahh Blah Blahhbalabal, von Sein oder Nichtsein, denn sie erkennen nicht das es nur eine Allgemeinessenz gibt, sagte der Buddha. Das alles ist mir inzwischen so egal und auch Buddhas ununterbrochenes Plattmachen aller Lebewesen, aber dann groß auf Mitleid machen, das ich nicht brauche und will. Und dann große Lehren aufstellen, vonwegen du sollst und tu das nicht und jenes. In Indien ist Buddhismus platt gemacht worden, nachdem die Buddhisten den Vedanta Brahmanismus Hinduismus Priestern die Denkluft wegschöpften. Denn die haben ja auch Zentnerweise alles auf Veden und Krischna und Epen aufgebaut. Das liest sich alles gut und ist für den Kopf auch prima, .

Für mich ist schon klar das aus Gott nur Gott kommen kann und das das die Allgemeinessenz ist. Das mit anderen Worten, alles Existierende das Göttliche ist. Der Buddha sieht bloß alles aus der Sicht des Buddhaseins,. aber für mich ist er nicht die Allmächtige Gottheit, und das ist wirklich nicht von Buddha abhängig. Glücklicherweise, denn kein Mensch hier auf der Erde wird jemals das gesamte können und sein und soweiter der

Allmächtigen Gottheit verkörpern können. Das wäre außerdem zu ärmlich zu mickrig zu blöde und zu schwach. Und ob nun alles, aus seiner Sicht wie ein Nebel ist, . Was ich hier alles klar sehe das ist bloß eine Sichtweise der Standorte mehr nicht. Und deswegen sind die Benennungen der Menschen auf die Dinge bezogen, auch nicht falsch, sowie die Eigenschaften, oder auch der Lauf der Geburt, verweilen, und zerstören, oder wenn sie behaupten es gäbe einen Schöpfer, oder Zeit, Atome, und einen himmlischen Geist, und das alles aus der Unterscheidung erzeugt worden ist, laut Buddha.

Da sag ich nur, ja und, und wenn gut und böse unterschieden wird, ja und, das macht der Buddha doch selber, nämlich durch seine Lehre, die ja darauf hinweist eben dieses und jenes nicht zu tuen, also ist ja gut und böse existent, wozu sonst die Drohungen, ab Marsch in die Avici Hölle. Und über diese konstanten Drohungen von ihm, sollst du dann nach den Übungen, die objektive Welt ähnlich einer Vision sehen, die eine Manifestation des Geistes ist, das ist schon klar, was ist sonst neu. Und auch wenn er das aufhören des Nichtwissens lehrt

(Also das Böse zu beenden , denn wo das Nichtwissen aufhört, hört das Böse auch auf , also existiert es doch, eben hier auf der Erde, natürlich ist die Essenz von dir, mir, ihm, frei davon . Aber Evolution beinhaltet nun mal all diese Reibereien . Und der Buddha ist bloß rückwärts gegangen, nicht vorwärts.)

Auch wenn seine Lehre Wünsche, Taten, und Kausalität beendet, und auch das Leiden, ist es ja in Wahrheit nicht die Lehre die das beendet, denn es sind die Seinsbereiche die Existent sind, wo es diese Art des Lebens nicht gibt wie hier auf der Erde, und hier wo alles aus der Unterscheidung kommt, Unterscheidung der dreifachen Welt,. So ist er doch, der Sidharta, der Inder, in all den sich alles gut und ist für den Kopf auch prima. Für mich ist schon klar das aus Gott nur Gott kommen kann und das das die Allgemeinessenz ist. Das mit anderen Worten, alles Existierende das Göttliche ist. Der Buddha sieht bloß alles aus der Sicht des Buddhaseins,. aber für mich ist er nicht die Allmächtige Gottheit, und das ist wirklich nicht von Buddha abhängig. Glücklicherweise, denn kein Mensch hier auf der Erde wird jemals das gesamte können und sein und soweiter der All mächtigen Gottheit verkörpern können. Das wäre außerdem zu ärmlich zu mickrig zu blöde und zu schwach. Und ob nun alles, aus seiner Sicht wie ein Nebel ist, . Was ich hier alles klar sehe das ist bloß eine Sichtweise der Standorte mehr nicht. Und deswegen sind die Benennungen der Menschen auf die Dinge bezogen, auch nicht falsch, sowie die Eigenschaften, oder auch der Lauf der Geburt, verweilen, und zerstören, oder wenn sie behaupten es gäbe einen Schöpfer, oder Zeit, Atome, und einen himmlischen Geist, und das alles aus der Unterscheidung erzeugt worden ist, laut Buddha.

Da sag ich nur, ja und, und wenn gut und böse unterschieden wird, ja und, das macht der Buddha doch selber, nämlich durch seine Lehre, die ja darauf hinweist eben dieses und jenes nicht zu tuen, also ist ja gut und böse existent, wozu sonst die Drohungen, ab Marsch in die Avici Hölle. Und über diese konstanten Drohungen von ihm, sollst du dann nach den Übungen, die objektive Welt ähnlich einer Vision sehen, die eine Manifestation des Geistes ist, das ist schon klar, was ist sonst neu. Und auch wenn er das aufhören des Nichtwissens lehrt *(Also das Böse zu beenden , denn wo das Nichtwissen aufhört, hört das Böse auch auf, also existiert es doch, eben hier auf der Erde, natürlich ist die Essenz von dir, mir, ihm , frei davon . Aber Evolution beinhaltet nun mal all diese Reibereien . Und der Buddha ist bloß rückwärts gegangen, nicht vorwärts.)* Auch wenn seine Lehre Wünsche, Taten, und Kausalität beendet, und auch das Leiden, ist es ja in Wahrheit nicht die Lehre die das beendet, denn es sind die Seinsbereiche die Existent sind, wo es diese Art des Lebens nicht gibt wie hier auf der Erde, und hier wo alles aus der Unterscheidung kommt, Unterscheidung der dreifachen Welt,. So ist er doch, der Sidharta, der Inder, in all den Prozessen eingegliedert, und erlebt selber das Leiden, aber als Buddha ist er frei davon. Denn du erlebst das Erdliche als auch das Transzendentale beides hier auf der Erde. Aber das ist mit allen anderen Lebewesen ob es sie nun aus Buddhaterminologie gibt oder nicht, und dann doch wieder gibt, genauso, ohne das sie den Weg dieser Praktiken gegangen sind. Auch der Buddha über Zeit und Raum erhaben, ist ein Geschöpf der all mächtigen Gottheit. Das Lankavatara Sutra ist schon prima, mein freundliches Lächeln zu dem Sutra, oder die Selbstverwirklichung des edlen Wissens. Wenn nun vom Buddha gelehrt wird das es ein aufhören von Tat und Kausalität gibt, das ist mir schon klar das es so ist, aber trotz allem, eine Welt der Beziehungen ist da, die auf fortlaufende Kausalketten aufbaut, was nicht verneint werden kann, und das es deswegen weder Ende noch aufhören gibt, weil es einfach so ist. Mir ist das inzwischen sooo egal geworden, so unwichtig, und auch ob der Weg der Belehrung, wie er von den Tathagatas gezeigt wird, nicht auf Behauptungen *(Also vom Haupt, Kopf, kommend . Aber wenn aus dem Kopf kommend , wo kommt es da aus dem Kopf kommend , vielleicht aus der Essenz des Kopfes, und die wäre, Hohoho .)* So ein Buddha ist selbst noch von seiner Buddhaheit des Tathagataseins, benebelt, indem er nämlich annimmt, das wäre der Weisheit letzter Schluß. Arme armselige Gottheit kann ich da nur sagen, wenn das so wäre. Also die Tathagatas behaupten

und widerlegen also nicht mit Worten und Logik. Und wenn die Widerlegung so gemeint ist das es einer aus Unwissenheit den Irrtum der am Grunde dieser Behauptung liegt nicht gründlich bedacht hat. Ok. Aber es ist unwiderlegbar das ich hier bin und mit hier ist das hier gemeint, und dieses hier hat auch Ohren Nase Sinne und Persönlichkeit, es hat Pflanzen, Wolken, Galaxien, und andere Weltformen. All das ist unwiderlegbar, selbst die Gewohnheitsenergie ist unwiderlegbar hier, und hier ist auch da, wo sie nicht ist, und wo Augen und Ohren nicht notwendig sind. Ebenso ist die Schöpfung des Geistes Hier und Dort. Und es ist aber auch Totalschnuppe und gleichgültig ob Worte durch Ursachen erzeugt werden die eine kontinuierlichen Fluß von Aufbau und Veränderung und wie Dinge der Geburt und Zerstörung unterworfen sind. Was gibts sonst noch neues!? Das gehört zum Dasein als menschliches

Wesen das ununterbrochen verändert wird, durch den Geist der er ist. Hier in der Welt der UhrZeit und Raumdurchfahrt ist das alles total richtig. Und alle Diskussionen die auf Behauptungen und Negationen, Worten, und Logik aufgebaut sind, die ein Bodhisattva vermeiden soll, sind in der menschlichen göttlichen Evolution richtig. Natürlich sind Worte bloß relativ und nicht die Wahrheit. Aber was kann ich dafür, das wir, ich, als außerirdische die Wahrheit bloß durch Stepptanz und Furtzen mitteilen können.

Das die Gültigkeit der Dinge unabhängig von der Gültigkeit der Worte ist, das ist doch auch klar. Und das ich als einfacher Mensch auf der Hut sein muß *(aber selbst das ist schon zu viel Streß immer und überall das üble zu sehen und zu suchen)* gegen die Verführungen der Worte und Sätze und ihre Täuschung der Bedeutungen, das durch sie die unwissenden und Tore umgarnt werden und hilflos wie ein Elefant der sich im Morast, dem tiefen abmüht, wird.

Das die höchste Realität ein erhabener Glückszustand ist und kein Zustand von Wortunterscheidungen, das ist auch klar. Und trotzdem, die höchste Realität, ist nicht die All mächtige Gottheit. Aber dieser erhabene Seinszustand der über dem Physischen Seinszustand und Mental- Fantasien Denkbereich liegt, das kenne ich auch.

Da bin ich, oder anders formuliert, da ist endlose Ruhe, endlose Angstlosigkeit, und endlose Glückseligkeit. Und ich sehe nun, und erlebe mich nun sozusagen als das was es ist, obwohl es keine menschliche Form mehr hat, und sehe unter mir, das Mental der Geist wie er denkt und fantasiert und aktiv ist und seine Ängste und Freuden hat, die er selber erschafft innerhalb der Physis, doch in bin total frei davon.

Ramana Maharsi sagte mal: Sobald man aufhört zu glauben, das man ein Individueller Mensch mit einem besonderen Körper ist, bricht der ganze Überbau der falschen Vorstellungen zusammen und wird ersetzt durch ein dauerndes gewahrsein des wahren Selbst. Buddha kämpfte gegen die herrschenden Kastensysteme der

Brahmanen und soweiter, und er mußte enorm viel erklären um zu gewinnen in den Disputen mit den Gelehrten und Brahmanen und was es sonst noch so an Verbandsbosse gibt genauso wie heute, die alle ihre Mitglieder haben und abzocken wollen aus der Kasse der Steuerzahler, die Großindustriellen die den Hals nicht voll genug bekommen und die Ölkartelle und Mafiaorganisationen das war damals nicht anders, so mußte er erklären, aber ich brauche das eigentlich garnicht, ich bin mit mir, meinem Sein zufrieden, denn ich bin das Göttliche, und das braucht nichts zu erklären, wozu, es, ich, ist mit seinem Sein voll da und nicht in irgendwelchen Suchmaschinen abgedriftet wo es Teilaspekte von sich als sehr wichtig hält und sich dann sogar noch mit dem Wissen beschäftigt, in dieser Wissensgesellschaft, die ihren Wert aus Wissen zieht, das aber bloß Relativ ist, vergänglich, und das bin ich nicht, wozu sich mit vergänglichem beschäftigen, wenn ich das unvergängliche bin. Wozu etwas sein wollen wenn ich schon immer bin.

Abgesehen von all diesem Sein was du schon immer bist, nicht das vergängliche, sondern das ewige, läuft aber auch eine Evolution, die aber vom ewigen über die Körper gemacht wird. Die Religionen und Glaubensformen von damals erreichen heute niemanden mehr der frisch auf die Erde kommt, weil die schon so intelligent sind, das die Päpste und Kardinäle und anderen Mullahs und anderen Blah Blahs, dagegen sehr grau und alt aussehen. Es gibt keine inspirative Stimulierung mehr in diesen verrotteten Leiergebet Institutionen mit ihren veralteten und volllaber Institutionen. Es gibt neue Weltimpulse, so wie Martinus es sagen würde. Die Erde ist ja nun dabei einen neuen lichten Weltimpuls zu empfangen, was bedeutet das sie Gegenstand einer neuen großen Auslösung der lichten Ausstrahlung des Schöpfungsprinzips ist, die wie frühere Impulse von Buddha oder Jesus oder Mohammed, das selbe Prinzip der Entwicklung und das Geistesleben der Menschheit durch Jahrtausenden hindurch anregen und vervollkommnen wird.

Aber auch die Planeten wie Erde und Sonne und Sonnensysteme, das sind ja auch Lebewesen, oder die Milchstraße, die Galaxien, das sind alles Lebewesen in einer bloß wesentlich größeren Form und einem Bewußtsein das über dem des Menschen liegt. Und deswegen darf man nicht glauben, das die Impulse des Schöpfungsprinzips, welche die Menschheit treffen„ kosmisch gesehen, alles beherrschen und daß der unter diesem Schöpfungsprinzip hervortretende Welterlöser, wie Buddha oder Jesus, ebenfalls alles beherrscht oder das er allmächtig ist. Im Gegenteil, ein solches Wesen ist, selbst wenn es den Menschen gegenüber mit einem überlegenen kosmischen Bewußtseinszustand hervortritt, doch begrenzt und auf jenen für seine Zeitgenossen besonders angepaßten Weltimpuls abgestimmt, den zu manifestieren er gerade zur Aufgabe hat.

Da aber das Schöpfungsprinzip sich in Form von Religionen manifestiert hat und diese wiederum durch Jahrtausende hindurch die betreffenden Menschengemeinschaften beseelt haben und darum erst nach dem verlauf des genannten Zeitraums Platz für eine neue Auslösung dieses Prinzips gemacht haben, können wir Zeuge dessen werden, daß die Auslösung nur momentweise geschieht. Das wiederum besagt, daß sich die Entfaltung des Schöpfungsprinzips wie alle anderen Formen der Entfaltung von Bewußtseinsenergie rhythmisch oder periodisch manifestieren. Jeder einzelne solcher Rhythmen oder jede einzelne periodische Entfaltung ist wieder als ein Impuls zu bezeichnen, da er Neuschöpfung stimuliert, die die Vervollkommnung der Manifestationen des Geistlebens anregt. Und da jeder dieser Rhythmen und Impulse was die Menschen betrifft, neue Religionen, neue Kulturen, neue Weltauffassungen oder Weltanschauungen zuwege gebracht hat und sie außerdem in Bezug auf die kosmische Analysen interplanetarisch sind oder sich weit über die Grenzen außerhalb der Erde zu anderen Menschheiten auf anderen Planeten oder Welten erstreckt, hat Martinus in seinen Büchern : Das dritte Testament ISBN-8757508216 oder www. martinus-kosmologie. de oder www. martinuskosmologie. de oder www. das-dritte-testament. de oder www. dasdrittetestament. de oder www.martinus.dk aus denen ich hier diese letzten Zeilen nehme um die Welterlöser in einer anderen Perspektive zu zeigen im Vergleich zum Kosmos und dessen spiralförmigen Evolutionswegen. Martinus sagt weiter: Wenn die Erde wie schon früher angeführt, nun dabei ist einen großen neuen geistigen Weltimpuls zu empfangen bedeutet das, daß sie jetzt Gegenstand einer neuen großen Auslösung der lichten Ausstrahlung des Schöpfungsprinzips ist, die wie frühere Impulse desselben Prinzips die Entwicklung und das Geistleben der Menschheit durch Jahrtausende hindurch anregen und vervollkommnen wird. *(Krischna , Buddha , Laotse, Jesus, Mohammed , das waren die früheren Impulse des Schöpfungsprinzips)*

Außer den hier genannten Weltimpulsen gibt es auch andere Formen von Impulsen des Schöpfungsprinzips. Impulse, die für Lebewesen passen, die mit dem hervortreten in mikro-und makrokosmische Formen unter bzw. über der menschlichen Bewußtseinssphäre liegen. Das Leben und Dasein solcher Wesen muß natürlich dem gegenüber, was der Erdenmensch unter dem Begriff „Lebewesen" versteht äußerst unverständlich oder phantastisch wirken. Wir können deshalb hier in der

Einleitung auch nicht auf das umfassende Material eingehen, das notwendig ist, um diese Realitäten zu beleuchten, sondern wir müssen uns begnügen auf die Abschnitte „Die Kosmische Weltanalyse" im dritten Testament hinzuweisen. Um aber dem Studierenden dieses Buches einen ersten Einblick in die Ausdehnung oder die mächtigen Dimensionen des Schöpfungsprinzips zu geben, deren wir hier Zeuge werden, muß schon hier erwähnt werden, das einige der makrokosmischen Wesen uns gegenüber in Form dessen sichtbar werden, was wir „Planeten", „Sonnensysteme" und „Milchstraßen" nennen, und daß die Erkenntnis der Identität dieser Realitäten als „Lebewesen" als einer der ersten absoluten Anfangsgründe des kosmischen Wahrheitssuchers zu betrachten ist. Der Welterlöser ist nicht Allmächtig.

Wie die Menschen und alle anderen sonst bekannten Formen von Lebewesen in einer von lichten und finsteren Impulsen des Schöpfungsprinzips stimulierten und getragenen fortsetzeden ewigen Entwicklung leben, leben auch die genannten makrokosmischen Wesen in einem von Impulsen desselben Prinzips getragenen ewigen Entwicklungsprozeß. Da aber diese Wesen im Verhältnis zu den Menschen in Riesenformaten hervortreten, werden die Impulse des Schöpfungsprinzips, die ihre spezielle Entwicklung fördern sollen, auch in Riesenformaten hervortreten. Man darf deshalb nicht glauben, das die Impulse des Schöpfungsprinzips, welche die Menschheit treffen, kosmisch gesehen alles beherrschen, und daß der unter einem solchen Impuls eventuell hervortretende Welterlöser ebenfalls alles beherrscht oder daß er allmächtig ist. Im Gegenteil, ein solches Wesen ist, selbst wenn es den Menschen gegenüber mit einem überlegenen kosmischen Bewußtseinszustand hervortritt, doch begrenzt und auf jenen für seine Zeitgenossen besonders angepaßten Weltimpuls abgestimmt, den zu manifestieren es gerade zur Aufgabe hat.

Um dies besser zu verstehen, muß man lernen, zwischen unserer eigenen Anknüpfung an das Schöpfungsprinzip in Form von „Weltimpulsen" und der Anknüpfung dieser makrokosmischen Wesen an dasselbe Prinzip zu unterscheiden. Wie die Menschen zusammen eine „Menschengemeinschaft" bilden, machen auch die folgenden Gruppen, bestehend aus Planeten- Sonnen-und Milchstraßenwesen, jede für sich in dem speziellen Spiralabschnitt und in den betreffenden Bewußtseinssphären, in denen sie sich befinden, Wesensgemeinschaften aus. Diese sind dann wieder zu bezeichnen als Planeten- Sonnen-und Milchstraßengemeinschaften, wie auch die für jede dieser Gemeinschaften angepaßten Impulse des Schöpfungsprinzips ihre Auswirkungen auf die Menschengemeinschaft durch Welterlöser bekommen haben, bekommen dieselben Impulse durch besonders eingeweihte Wesen in den vorgenannten makrokosmischen Gemeinschaften ihre Auswirkungen.

Da der Erlöser dieser Menschengemeinschaften wie auch ihre übrigen Wesen gegenüber den makrokosmischen Wesen rein in Miniatur hervortreten, ist keiner dieser Formen von Erlöser überhaupt annäherungsweise mächtig genug, die Erlösung der makrokosmischen Wesen zu fördern, gleichgültig wie groß, allmächtig und göttlich sie im Bewußtsein der Menschen auch zu sein scheinen. Sie können nur „Menschenerlöser" sein und haben hier im Dritten Testament nur den Titel „Welterlöser" bekommen, weil das Ziel ihrer Mission stets die gesamte Menschheit einer ganzen Welt ist.

Die Verbindungen der makrokosmischen Wesensgemeinschaft mit dem Schöpfungsprinzip kann deshalb absolut nur mit Hilfe von Wesen ihrer eigenen Entwicklungskategorie oder von Wesen, die zu ihrem eigenen Spiralabschnitt gehören, ausgelöst werden. Die Planetengemeinschaft muß somit ein Planetenwesen, die Sonnengemeinschaft ein Sonnenwesen und eine Milchstraßengemeinschaft ein Milchstraßenwesen zum Erlöser haben. Wir werden hier also zwischen „Welterlöser" und „Planetenerlöser" „Sonnenerlöser" und „Milchstraßenerlöser" unterscheiden müssen. Wie die Welterlöser auf die Stimulierung des Schöpfungsprinzips bei den einzelnen Menschen der Menschengemeinschaft eingestellt sind, sind auch die Planetenerlöser auf die Förderung des Schöpfungsprinzips bei den einzelnen Planetenwesen und Planetengemeinschaften eingestellt, und so weiter bis hin zu den Milchstraßenerlösern. Der Wahrheitssucher muß also hier ganz unabhängig davon, wie phantastisch es ihm auch vorkommen möge, sein Bewußtsein darauf einstellen, daß das Weltall mit Leben angefüllt ist, daß der Makrokosmos ebenso wie der Mikrokosmos aus „Lebewesen" besteht und daß die vorgenannte Identität der makrokosmischen Wesen als Lebewesen nicht phantastischer ist als zbs. die in unserem Organismus vorkommenden Zellen oder die Myriaden von kleinen Partikeln, deren Identität als „Lebewesen" bereits eine von der Wissenschaft festgestellte Tatsache ist. Wie diese kleinen Wesen sich in unserem Körper befinden und wie dieser ihr Universum bildet, befinden auch wir uns aufgrund derselben Gesetze in den Körperkombinationen oder Organismen der vorgenannten makrokosmischen Wesen, die wiederum ein Universum für uns sind. Und da die gesamte Erdenmenschheit infolge der kosmischen Analyse das

Gehirnorgan der Erde ist, und jeder einzelne Mensch somit der Erde oder dem Erdwesen gegenüber nur eine ihrer Gehirnzellen ist, ist es leicht zu verstehen, daß ein Menschenwesen ebensowenig ein Erlöser für ein Planetenwesen sein kann wie eine der Zellen unseres eigenen Körpers für uns ein Erlöser sein könnte.

Ein Lebewesen kann unmöglich als Erlöser des Schöpfungsprinzips für ein Wesen hervortreten, in welchem es nur eine Zelle ist, oder auf andere Weise als untergeordnetes Körpermaterial hervortritt. Aber nichtsdestoweniger gibt es Menschen in der ganzen Welt, die in unserer Zeit aus Unwissenheit und Aberglaube ihren Welterlöser mit solchen wiedersinnigen und unmöglichen Dimensionen versehen. Und gerade um diesen Aberglauben zu entfernen oder ihm vorzubeugen, waren wir schon hier in der Einleitung gezwungen, auf diese Thema einzugehen, die ja eigentlich in späteren Kapiteln des Dritten Testaments gehören. Für jedes Wesen, das sich das volle göttliche oder kosmische Bewußtsein aneignen will, was in Wirklichkeit dasselbe ist, was in der Bibel als „der Heilige Geist" bezeichnet wird, ist es nämlich notwendig, daß es sich von allem Aberglauben reinigt oder befreit. *(Für Buddha war es der Transzendentale Ton und das Transzendentale Licht, und für die Christen das Wort, und für Ching Hai ist es der Klangstrom oder Tonstrom oder für Sokrates war es die Sphärenmusik und soweiter oder der indische Surat Shabd Yoga)*

Es gibt wohl kaum eine andere Realität im Dasein, an welche die Menschen so viel Aberglauben geknüpft haben, wie eben an ihren Welterlöser. So haben sie ihn in vielen Fällen tatsächlich mit einem „Planetenerlöser" oder „Sonnenerlöser" verwechselt, indem sie ihn in ihrem Aberglauben als Geist der Erde oder sogar als Geist der Sonne anerkannt haben, also eine Identität, die ebenso wiedersinnig und unmöglich ist wie die, daß eine Gehirnzelle im Menschenkörper ausreichte, um die gesamte Ganzheitsmanifestation des Geistes dieses Menschen zu enthalten oder auszudrücken. Aber aufgrund dieses Aberglaubens ist die Erkenntnis der Menschen in Bezug auf ihren Welterlöser noch weiter von der wirklichen Tatsachen fortgeführt worden, weil dieser Aberglaube sie dahin gebracht hat, daß sie ein solches Wesen als Gottheit selbst anerkannt und es als solches angebetet haben. Daß diese hier genannten fehlerhaften Verhältnisse zwischen den Menschen und ihrem Welterlöser von nicht geringen Ausmaß sind, dessen wird man Zeuge, wenn man kraft kosmischen Bewußtseins erlebt, daß die „Welterlöser" noch fast einen ganzen Spiralabschnitt oder über fünf unermeßliche Reiche oder Daseinsebenen in der Entwicklung zurückzulegen haben, bevor sie zu der Bewußtseinssphäre kommen, wo sich das Planeten-oder Erdwesen befindet, und über die doppelte Anzahl zur Daseinsebene des Sonnenwesens, um vom Milchstraßenwesen ganz zu schweigen, zu dessen Form für Erleben des Daseins sie noch ca. achtzehn Reiche oder drei Spiralabschnitte zum Weiterentwickeln vor sich haben. Noch abenteuerlicher werden die Dimensionen jener Entwicklungsdistanz, wenn man eingesehen hat, daß alle menschlichen Erscheinungen schon dem zweiten Spiralabschnitt gegenüber in Miniatur hervortreten, wie auch die rechtmäßigen Details in diesem Abschnitt, wie die Existenzzeit eines Erdballs mit seinen Millionen von Jahren, im dritten Spiralabschnitt ebenfalls von mikroskopischer Natur ist.

Der Welterlöser wird in diesem Horizontgebiet in Wahrheit nur ein kleiner Gottessohn, *(Aber kann ein Gottessohn jemals klein sein, denn Martinus hat zwar eine Spirituelle Erfahrung bekommen, die es ihm ermöglichte den Aufbau des Kosmos zu sehen und deren Relationen in Größe, aber das ist auch schon alles, er hat keine Fähigkeit zum Beispiel, zu Materialisieren , oder den göttlichen Ton und das göttliche Licht z u übertragen , oder zum Beispiel das Karma zu verändern zu tilgen, oder seine Freunde kann er in die höheren Welten bringen , und sie aus ihrem Körper bringen und so weiter und so weiter, das kann ein Martinus bei weitem weitem nicht, denn er war dafür da diese kosmische Analyse aufzuzeigen und Detaillierte wiedergaben , in Form von abstrakten und sehr schönen Grafiken aufzuzeichnen , was übrigens schon die Vedanta Krischna Leute gemacht hatten vor langer langer Zeit, denn im Buch Srimad Bhagavatam - Erster Teil, von Swami Prabhupada, ist in der Mitte des Buchs Krischnas vollständige Erweiterungen, erschaffen und erhalten die materielle Welt, was zbs, Martinus als das Lebenseinheitsprinzip Bildlich schön darstellt in abstrakter Form. Also Martinus ist sich nicht bewußt was es ist ein Welterlöser oder Meister zu sein oder ein Jesus oder Buddha, er sieht das bloß von außen, wie der gesamte Kosmos mit all seinen unterschiedlichen Welten aufgebaut ist.)* So also nur ein kleiner Gottessohn, und die vorher genannte Anbetung und Anerkennung der Menschen bekommen in dieser Perspektive eine bedenkliche Ähnlichkeit mit Götzendienst und Heidentum. Aber es wirkt als ein sehr mildernder Umstand, wenn man in demselben Horizontgebiet Zeuge dessen wird, daß Götzendienst und Heidentum in Wirklichkeit dasselbe sind wie „wahre Gottesanbetung in einem Anfangsstadium" und daß diese   vorhin   genannte   Anerkennung   ihres   Welterlösers   aus   Bewunderung und Liebe zu diesem Wesen entstanden ist, und zwar aufgrund dieses Wesens größter Manifestationen oder Sichtbarmachung der Göttlichkeit sämtlichen diesen Wesen gegenüber. Und da das bisherige Intelligenzvermögen der Wesen sich nicht annähernd mit ihrem Gefühlsfähigkeit messen konnte, muß notwendigerweise die Disharmonie, die wir „Aberglauben" nennen, in ihrem Bewußtsein entstehen. Aberglaube ist nämlich Identisch mit einer Realität die entsteht, wenn das Gefühl des Wesens so hervortreten wird, daß es durch dieses Realitätserleben kann, über die es noch nicht genügend Intelligenz hat, um sich Vernuftsmäßige Bilder oder eine wirkliche Analyse zu machen. Das Wesen mußte daher seinen überlegenen gefühlsmäßigen Erlebnissen solche Bilder geben, die seiner bei weitem   unterlegenen Intelligenz als die wahrscheinlichsten vorkommen mußten. Solche Bilder sind deshalb in Wirklichkeit auch keine Vernunft oder Intelligenzbilder sondern Gefühlsbilder. Und wo diese disharmonischen Bilder in ihrem höchsten hervortreten vorkommen, dort sind sie also als „Aberglauben" wiederzuerkennen.

Im Hinblick auf das Verhältnis der Erdenmenschen zu ihrem Welterlöser ist es tatsächlich so gewesen, daß es den Wesen ein wirkliches empfinden von der Gottheit gegeben hat, ein Gefühlserlebnis, für das die Wesen nicht genug Intelligenz hatten, um es analysieren zu können und um ihm angemessen Ausdruck zu geben. Sie mußten sich deshalb damit begnügen, diese Emfindung mit dem Hervorragendsten des armen intelligenzmäßigen Materials einzukleiden, das sie zur Verfügung hatten, und da sich dies voll auf den Welterlöser konzentrierte, war es den Wesen unmöglich, dies anders zu verstehen, als daß er die Inkarnation der Gottheit selber war. Alle Begriffe von Größe wurden ihm daher zugelegt, er mußte allmächtig sein. Da aber die Wesen kraft des Aberglaubens so eingestellt waren, wurde der Welterlöser ihnen gegenüber in Wirklichkeit dasselbe wie die Gottheit selbst, sichtbar gemacht in einer Gestalt, die gerade so weit abgeblendet war, daß er die Inspirationsquelle und der leuchtende Leitstern in ihrem einstweiligen Abschnitt in der ewigen Bahn der Entwicklung werden konnte. Der Aberglaube wurde deshalb ein Göttlicher Segen.

Aber all mählich, nachdem die Intelligenz der Wesen wächst und sie ihren gefühlsmäßigen Erlebnissen der Gottheit größeren oder besseren Vernuftsmäßigen Ausdruck geben konnten, wird ihnen der Welterlöser zu klein oder kommt immer mehr auf seinen natürlichen Platz in ihrer Auffassung vom Dasein, und der Aberglaube verschwindet. Doch kann es geschehen, daß der Aberglaube so auskristallisiert ist, daß seine Auflösung nicht immer mit der Intelligenzentwicklung des Wesens maß hält und er wird daher in solchen Fällen in entsprechendem Grade auf eine gewisse Weise in Form von Dogmen eine zeitweilige Hemmung für die Entwicklung des Wesens, die aber natürlich nicht größer ist, als daß sie nach und nach überwunden wird, und damit kann wirkliches und wahres Gotteserleben eine Tatsache werden.

Wie früher beschrieben, geschieht die Auslösung des Schöpfungsprinzips durch Rhythmen oder durch in gewissen Zwischenräumen auftretenden Impulsen. Der letzte große dieser Impulse war von solch einer Natur, daß er sich all mählich in drei kleinere Impulse spaltete, von denen jeder eine Religion gebar. Da diese Religionen wieder, eine jede für sich, das Ziel hatten, zu allen Menschen ausgebreitet zu werden, sind sie „Weltreligionen" genannt worden zum unterschied von früher existierenden, die mehr in Richtung von „Volksreligionen" oder Glaubensreligionen gingen, die jede für ein bestimmtes Volk, für eine bestimmte Nation oder einen bestimmten Staat vorgesehen waren. Bei den genannten drei Weltreligionen, die in Form vom „Buddhismus", „Islam", und „Christentum" die Entwicklung des Schöpfungsprinzips bis zu unseren Tagen geführt haben, wurde das Christentum zu den Ausläufer, durch den der Weltimpuls verwirklicht werden konnte, der nun alle Geschlechter der Erde vereinen soll. Dieser Ausläufer des alten Weltimpulses breitete sich zu den Ländern und Völkern des Westens aus, und mit seiner zusammenschmelzung mit der in der Welt in überwiegenden Grad herrschenden finsteren Ausstrahlung des Schöpfungsprinzips oder der „Macht des Schwertes" nahm er eine feste, auskristallisierte Form an. Unter dieser Form wurde es möglich den lichten, reinen Impuls in eine solche Anpassung oder Zuspitzung einzukleiden, daß er den Panzer der Finsternis durchdringen konnte, den die Begriffe von gesunder Vernunft und Gerechtigkeit der damaligen wilden Barbaren des Westens repräsentierten. Wenn eine feine Hand grobe Arbeiten ausführt, dann bilden sich nach und nach an den angestrengten Stellen eine schützende Schicht harter Haut. Solche Gesetze machen sich auch auf geistigen Gebieten geltend, und wir müssen uns in diesem fall den alten Weltimpuls als die feine göttliche Hand vorstellen. Bei der Berührung dieser „Hand" mit der groben Barbarei bekam sie eine „harte Haut" die ihr wieder die Qualifikationen für einen fortwährenden Umgang mit der Barbarei und mit der daraus folgenden Unterminierung derselben gab. Diese schützende „Haut" des alten Weltimpulses ist mit der Realität identisch, die im ganzen Westen unter dem Namen „Katholizismus" bekannt ist. Dies ist nicht schwierig zu verstehen, wenn man in Betracht zieht, daß die Völker des Westens noch von einem solchen Grad der finsteren Ausstrahlung beherrscht waren, daß ihre größten Heldentaten der Gebrauch des Schwertes, Eroberung und Plünderung anderer Staaten und Länder und Rache waren, und ihr Platz im Licht nach dem Tode geradezu davon abhing, nicht durch einen durch Alter hervorgebrachten Tod zu sterben, sondern durchs Schwert. Gegenüber einem solchen total finsteren Bewußtseinszustand und gegenüber solchen Vorstellungen über Vernunft und Gerechtigkeit würde der reine lichte Weltimpuls mit seinen diametral entgegengesetzten Begriffen, mit seiner Lehre, sich nicht zu rächen, lieber zu geben als zu nehmen, seine Feinde zu lieben und die rechte Seite hinzuwenden, wenn man auf die linke geschlagen wird, absolut unmöglich als etwas Ideales akzeptiert worden sein, wenn nicht eben mit so vielen der gewohnheitsmäßigen Begriffe der betreffenden, primitiven Wesen, vermischt worden wären, daß er materielle Macht anwenden konnte.

Und wenn man dem von Jesus von Nazareth repräsentierten reinen, lichten Weltimpuls durch 20 Jahrhunderte hindurch folgt, kann man nicht umhin zu sehen, daß er in Form des Katholizismus geradezu Feuer und Bann benutzen mußte, um überhaupt durchdringen zu können. Er mußte sich Macht über Könige und Kaiser aneignen, eben weil diese in Wirklichkeit zu jener Zeit in vielen Fällen eigentlich nur Räuberhäuptlinge oder Bandenführer waren. Er mußte somit, um diesen Panzer aus Finsternis durchdringen zu können, selbst einen Panzer anlegen. Und dank Katholizismus hat die Barbarei denn auch ihren ersten Stoß erhalten, und Millionen von Menschen haben sich so viel vom hellen Impuls angeeignet, daß sie beginnen können, ihn in einer solchen Reinkultur zu verstehen wie sie vom Munde des Nazaräers ausging. Sie können also beginnen, zwischen dieser Reinkultur und der „harten Haut" zu unterscheiden, die sie beim Entgegentreten der finsteren Ausstrahlung annehmen mußte. Dies hat dann wieder zur Folge gehabt, daß solche Wesen mehr und mehr von der Auskristallisation abfielen und begannen, auf eigene Faust die hineingemischte Finsternis ausscheiden zu wollen. Solche Wesen sind identisch mit denen die wir Reformatoren nennen. Die Wirkung dieser Reformatoren bestand darin, daß innerhalb der Auskristallisierung Trennung entstand, neue religiöse Richtungen, die, jede für sich, als die schon früher religiösen Sekten in Erscheinung traten. Der Wert dieser Sekten steht natürlich im Verhältnis zu ihrem Urheber und ist mehr oder weniger rein oder unrein, je nachdem ob ihr Uhrheber rein oder unrein war. Diese Sekten haben jedoch, abgesehen von der eventuellen Inspiration, die sie ihren einzelnen Mitgliedern geben konnten, nach außen hin nur Zersplitterung und Unruhe geschaffen, da jede darauf aus ist, die ganze Welt zu erobern, und da jede die allein Seligmachende sein will. Sie bekriegen sich deshalb leicht, insbesondere, da die Mehrzahl der Mitglieder einer solchen Sekte noch nicht das überwunden hat, was wir unter dem Begriff „Intoleranz" verstehen. Diese Sekten werden somit in sehr großem Maße zum Ausdruck einer geistigen Unruhe. Sie bilden Gruppierungen oder Zusammenschlüsse, die sich, wenn der neue Weltimpuls nicht eben begonnen hätte, sich geltend zu machen, zu geistigen Staaten entwickeln würden, die einander bekriegen, und die Entwicklung hin zur Herde und einem Hirten würde damit unmöglich sein. Und eben aufgrund dieser geistigen oder religiösen Unruhe kann der neue Impuls des Schöpfungsprinzips beginnen, in der Welt Fuß zu fassen. Als Symptome des neuen Weltimpulses können u. a. die Kräfte genannt werden, die sich in der neuen Architektur, in moderner Musik und Kunst äußern. Hierbei muß man in Betracht ziehen, daß diese Realitäten nur erst in ihrem zartesten Anfangsstadium sind. Sie werden einmal, wenn sie ihre Kulmination erreicht haben oder „klassisch" geworden sind, bei weitem alle bisher existierenden Formen von Musik und Kunst überstrahlen. Außerdem zeigt sich der neue Weltimpuls in der stark ansteigenden Intelligenzentwicklung dieses Jahrhunderts, die sich wieder auf das konzentriert was wir die „Wissenschaft „nennen. Diese ist somit auch ein keimendes Resultat der oben genannten Impulse und bildet bereits einen solchen Faktor, daß die Menschheit ohne ihn nicht imstande gewesen wäre, sich über die alten primitiven Begriffe und Vorurteile zu erheben, mit denen die gegenwärtige Weltanschauung zusammenhängt.

So ist die Wissenschaft einer der Hauptfaktoren gewesen, mit deren Hilfe der neue Weltimpuls imstande war, seinen ersten keimenden Eintritt in der Erdzone zu erhalten. Der neue Weltimpuls hat jedoch auch Symptome, die unbehaglicher Natur sind, und diese haben die großen politischen Bewegungen und Umwälzungen veranlaßt sowie sexuelle Abnormitäten, unglückliche Ehen und Geisteskrankheiten, Realitäten, die großenteils unter solche Reaktionen zu rechnen sind, die notwendigerweise dort entstehen müssen, wo der neue Weltimpuls mit den alten Begriffen oder Auffassungen über das Leben kollidiert. Diese Reaktionen sind deshalb schon früher hier im Dritten Testament als Geburtswehen vor der Geburt des neuen Weltimpulses bezeichnet worden. Was den neuen Weltimpuls betrifft, ist noch zu bemerken, daß dieses Weltbild- während es durch den alten Impuls aufgrund des primitiven Intelligenzzustands der damaligen Menschheit nur in bruckstückmäßigen, symbolischen Wortformen manifestiert wurde, die Streiflichter über einzelne für ihre Moral wichtige Punkte oder Themen im Weltbild waren- in seiner Gesamtheit durch den neuen Weltimpuls in voll zusammenhängenden Gedankenreihen manifestiert wird, die nicht nur für das Gefühl der Menschen, sondern auch für ihre jetzt schnell wachsende Intelligenz und keimende Intuition sichtbar und zufriedenstellend sind. Es wird somit in allen Einzelheiten in einer Aufklärungsform manifestiert, die das große Gebot „liebet einander „zur Wissenschaft macht und dadurch all mählich beweisen und garantieren kann, daß die Verwandlung dieses großen Gebots zu natürlichen Eigenschaften und Anlagen für den Erdmenschen das Eine ist,was not tut, der Schlüssel ist zu kosmischer Sinnesbegabung oder zur Fähigkeit, Gott zu sehen, und damit die Quelle aller wirklichen Schönheit, Freude, Inspiration und vollkommener Schöpfung.

Es wird also das fundamentale und endgültige Resultat des neuen Weltimpulses sein, daß die gegenwärtigen latenten geistigen Fähigkeiten der Menschheit zu einem voll brauchbaren Zustand entwickelt werden, damit die Wesen all mählich so weit kommen werden, geistig ebenso leicht wahrzunehmen, wie sie jetzt physisch wahrnehmen. Sie werden „die große Geburt „erleben, die der Eingang oder Pforte zum wirklichen erleben des Lebens ist, zum erleben der Unsterblichkeit, zum Erleben dessen, sich eins mit allen Lebewesen zu fühlen. „Der verlorene Sohn „in Form der Menschheit wird innerhalb des neuen

Weltimpulses vom Vater empfangen. Und die Schatten der Finsternis in Form von Sorge, Krankheit und Verstümmelung sollen nicht mehr sein, sondern der alles überstrahlende Sieg der Liebe wird eine Tatsache werden und mit ihm ein ewiger Friede auf Erden. So, das waren Worte aus dem Buch: Das Dritte Testament von Martinus, die all diejenigen unterstützen, die sich alleine auf das All mächtige Göttliche verlassen und ihre Intuition und andere Fähigkeiten und die es ohne Meister machen, Erleuchtete und Gurus oder Buddhas, ich selber habe in meinem Leben wie schon geschrieben, schon öfters den Gedanken gehabt, mich von den alten Meistern zu lösen und nur ich und die Gottheit sonst nichts. So, jetzt mach ich noch in den Buddhaworten den Schluß dieses Nachwortes.

„Diese Nachwort ist hart und scharf wie ein Diamant welcher alle Willkürlichen Begriffe nicht wegschneidet und keinen zum anderen Ufer der Erleuchtung bringen wird. Denn alle sollten die Nichtrealität aller Begriffe im Sinne behalten. Denn es gibt weder lebende Wesen, Buddhas, sowohl mich nicht, obwohl sichtbar, ich werde nur von niemand nirgendwo so genannt.

Nachdem der göttliche Wolfgang Schorat sein Nachwort beendet hatte, waren die ehrwürdigen Anwesenden perplex, Konsterniert und die Devas, Nonnen, und Mönche schauten etwas bewildert herum, die Engel suchend, die schon weggeflogen waren. Denn keiner wollte sich das geschriebene zu Herzen nehmen und eifrig weitervermitteln."

2. 7. 2003

154

ICH BRINGE EUCH HEIM

Ausgewählte Zitate und spirituelle Lehren
von der Höchsten Meisterin Ching Hai

Ausgewählte Zitate und spirituelle Lehren
von der Höchsten Meisterin Ching Hai

Hilfe und Heilung auf geistigem Weg durch die Lehre Bruno Grönings

– medizinisch beweisbar –

MARTINUS
1890-1981

"Wo Unwissenheit
entfernt wird,
hört die Existenz
des Bösen auf"

Kosmische Analysen für die Welt

www.martinus-verlag.de
www.martinus.dk

SHAKJAMUNI BUDDHAS
HÖCHSTE LEHRE

Das Surangama Sutra

TonStrom
VERLAG

ISBN-978-3-932209-02-4

1. deutsche Auflage 2004
© TonStrom-Verlag
Heinrich-Heine-Straße 17
34596 Bad Zwesten
Tel./Fax 05626-1414
Lektorat: Wolf Schorat
Satz: Offizin Druck Clemens Koechert, Hannover
Gesetzt in URW Garamond No. 3 regular und italic
Herstellung: Offizin Druck Koechert, Hannover
Alle Rechte vorbehalten.
Printed in Germany
ISBN 3-932209- 12-5

2. deutsche Auflage 2015
© TonStrom-Verlag
Heinrich-Heine-Straße 17
34596 Bad Zwesten
Tel./Fax 05626-1414
Lektorat: Wolf Schorat
Gesetzt in URW Garamond No. 3 regular und italic
Herstellung: BoD GmbH
Alle Rechte vorbehalten.
Printed in Germany
ISBN 978-3-932209- 12-3
ISBN 3-932209- 12-5

webseiten von schorat

www.www.ararat-foto-ansichten.de
www.meditative-transformation-der-industrie.de
www.olhos-de-aguas-1974.de
www.nilgans-im-schwalm-eder-kreis.de
www.anleitung-zum-verhalten-in-finanzkrisen.de
www.shizzo-berlin1980.de